AS CONSEQUÊNCIAS DA MODERNIDADE

FUNDAÇÃO EDITORA DA UNESP

Presidente do Conselho Curador
Mário Sérgio Vasconcelos

Diretor-Presidente
Jézio Hernani Bomfim Gutierre

Superintendente Administrativo e Financeiro
William de Souza Agostinho

Conselho Editorial Acadêmico
Danilo Rothberg
Luis Fernando Ayerbe
Marcelo Takeshi Yamashita
Maria Cristina Pereira Lima
Milton Terumitsu Sogabe
Newton La Scala Júnior
Pedro Angelo Pagni
Renata Junqueira de Souza
Sandra Aparecida Ferreira
Valéria dos Santos Guimarães

Editores-Adjuntos
Anderson Nobara
Leandro Rodrigues

ANTHONY GIDDENS

AS CONSEQUÊNCIAS DA MODERNIDADE

Tradução de
Raul Fiker

editora
unesp

© 1990 by Polity Press – Basil Blackwell
Título original em inglês: *The Consequences of Modernity*

© 1991 da tradução brasileira:
Fundação Editora da UNESP (FEU)

Praça da Sé, 108
01001-900 – São Paulo – SP
Tel.: (0xx11) 3242-7171
Fax: (0xx11) 3242-7172
www.editoraunesp.com.br
www.livrariaunesp.com.br
atendimento.editora@unesp.br

Dados Internacionais de Catalogação na Publicação (CIP)
(Câmara Brasileira do Livro, SP, Brasil)

Giddens, Anthony

As consequências da modernidade/Anthony Giddens; tradução Raul Fiker.– São Paulo: Editora Unesp, 1991. – (Biblioteca básica)

Título original: The consequences of modernity
ISBN 978-85-7139-022-3

1. Estrutura social.   2. Civilização moderna.   3. Pós-modernismo. I. Título.

91-1752   CDD-305
                                                            -909.08

Índices para catálogo sistemático:

1. Civilização moderna 909.08
2. Estrutura social: Sociologia 305
3. Pós-modernismo: Civilização 909.08

Editora afiliada:

Sumário

9 Prefácio

11 Capítulo I
Introdução

As descontinuidades da modernidade   Segurança e perigo, confiança e risco   Sociologia e modernidade   Modernidade, tempo e espaço   Desencaixe   Confiança   A reflexividade da modernidade   Modernidade ou pós-modernidade?   Sumário

67 Capítulo II
As dimensões institucionais da modernidade

A globalização da modernidade   Duas perspectivas teóricas   Dimensões da globalização

91 Capítulo III
Confiança e modernidade

Confiança e modernidade   Confiança em sistemas abstratos   Confiança e perícia   Confiança e segurança ontológica   O pré-moderno e o moderno

125 Capítulo IV
Sistemas abstratos e a transformação da intimidade

Confiança e relações pessoais   Confiança e identidade pessoal   Risco e perigo no mundo moderno   Risco e segurança ontológica   Reações de adaptação   Uma fenomenologia da modernidade   Desabilitação e reabilitação na vida cotidiana   Objeções à pós-modernidade

165 **Capítulo V**
Conduzindo o carro de Jagrená

Realismo utópico   Orientações futuras o papel dos movimentos sociais   Pós-modernidade

189 **Capítulo VI**
É a modernidade um projeto ocidental?

Observações finais

E se este presente fosse a última noite do mundo?
John Donne, *Preces sob Ocasiões Inesperadas*

O tempo imaginário é indistinguível das direções no espaço. Se se pode ir para o norte, pode-se virar e tomar o rumo sul; da mesma forma, se se pode ir para a frente no tempo imaginário, deve-se poder virar e ir para trás. Isto significa que não pode haver diferença importante entre as direções para a frente e para trás do tempo imaginário. Por outro lado, quando se olha para o tempo "real", há uma diferença muito grande entre as direções para a frente e para trás, como todos sabemos. De onde vem esta diferença entre o passado e o futuro? Por que lembramos o passado e não o futuro?
Stephen W. Hawking, *Uma Breve História do Tempo*

Em março de 1986, um artigo de nove páginas sobre as instalações nucleares de Chernobyl apareceu numa edição em língua inglesa de *Vida Soviética*, sob o título de "Segurança Total". Apenas um mês depois, na semana de 26-27 de abril, o pior acidente nuclear no mundo – até então – ocorreu na usina.
James Bellini, *Holocausto High Tech*

Quando descobrimos que há diversas culturas ao invés de apenas uma e consequentemente na hora em que reconhecemos o fim de um tipo de monopólio cultural, seja ele ilusório ou real, somos ameaçados com a destruição de nossa própria descoberta, subitamente torna-se possível que só existam *outros*, que nós próprios somos um "outro" entre outros. Tendo desaparecido todos os significados e todas as metas, torna-se possível vagar pelas civilizações como através de vestígios e ruínas. Toda a espécie humana se torna um museu imaginário: aonde vamos este fim de semana – visitar as ruínas de Angkor ou dar uma volta no Tivoli de Copenhagen?
Paul Ricoeur, "Civilizações e Culturas Nacionais", em seu *História e Verdade*

Prefácio

Este livro é na verdade um ensaio alongado. Dividi-o em seções, ao invés de capítulos formais, a fim de desenvolver o fluxo dos argumentos de maneira ininterrupta. As ideias aqui expressas estão diretamente relacionadas aos meus escritos precedentes, e me refiro frequentemente a estes. Espero que o leitor compreenda e perdoe tal frequente autorreferência, que não pretende ser manifestação de *hubris*, mas uma maneira de fornecer apoio para afirmações que não podem ser exaustivamente defendidas numa obra desta brevidade. O livro começou a viver na forma das Raymond Fred West Memorial Lectures, que proferi na Stanford University, Califórnia, em abril de 1988. Sou muito grato aos meus anfitriões em Stanford naquela ocasião, cujas boas-vindas e hospitalidade foram maravilhosas. Em particular, sou agradecido a Grant Barnes, da Stanford University Press, que me fez o convite para dar as conferências, e sem o que esta obra não existiria.

I
Introdução

No que se segue devo desenvolver uma análise institucional da modernidade com ênfases cultural e epistemológica. Assim fazendo, diferencio-me substancialmente da maioria das discussões em curso, nas quais estas ênfases estão revertidas. O que é modernidade? Como uma primeira aproximação, digamos simplesmente o seguinte: "modernidade" refere-se a estilo, costume de vida ou organização social que emergiram na Europa a partir do século XVII e que ulteriormente se tornaram mais ou menos mundiais em sua influência. Isto associa a modernidade a um período de tempo e a uma localização geográfica inicial, mas por enquanto deixa suas características principais guardadas em segurança numa caixa preta.

Hoje, no final do século XX, muita gente argumenta que estamos no limiar de uma nova era, a qual as ciências sociais devem responder e que está nos levando para além da própria modernidade. Uma estonteante variedade de termos tem sido sugerida para esta transição, alguns dos quais se referem positivamente à emergência de um novo tipo de sistema social (tal como a "sociedade de informação" ou a "sociedade de consumo"), mas cuja maioria sugere que, mais que um estado de coisas precedente, está chegando a um encerramento ("pós-modernidade", "pós-modernismo", "sociedade pós-industrial", e assim por diante). Alguns dos debates sobre estas questões se concentram principalmente sobre transformações institucionais, particularmente as que sugerem que estamos nos deslocando de um sistema baseado na manufatura de bens materiais para outro relacionado mais centralmente com informação. Mais frequentemente, contudo, estas controvérsias enfocam amplamente questões de filosofia e epistemologia. Esta é a perspectiva característica, por exemplo, do autor que foi em primeiro lugar responsável pela popularização da noção de pós-modernidade, Jean-François Lyotard.[1] Como ele a representa, a pós-modernidade se refere a um deslocamento das tentativas de fundamentar a epistemologia, e da fé no progresso planejado humanamente. A condição da pós-modernidade é caracterizada por uma evaporação da *grand narrative* – o "enredo" dominante por meio do qual somos inseridos na história como seres tendo um passado definitivo e um futuro predizível. A perspectiva pós-moderna vê uma pluralidade de reivindicações heterogêneas de conhecimento, na qual a ciência não tem um lugar privilegiado.

Uma resposta-padrão ao tipo de ideias expressas por Lyotard é procurar demonstrar que uma epistemologia coerente é possível – e que um conhecimento generalizável sobre a vida social e padrões de desenvolvimento social podem ser alcançados.[2] Mas eu quero fazer uma abordagem diferente. A desorientação que se expressa na sensação de que não se pode obter conhecimento sistemático sobre a organização social, devo argumentar, resulta, em primeiro lugar, da sensação de que muitos de nós temos sido apanhados num universo de eventos que não compreendemos plenamente, e que parecem em grande parte estar fora de nosso controle. Para

---

1. Jean-François Lyotard, *The Post-Modern Condition* (Minneapolis: University of Minnesota Press, 1985).
2. Jürgen Habermas, *The Philosophical Discourse of Modernity* (Cambridge, Eng.: Polity, 1987).

analisar como isto veio a ocorrer, não basta meramente inventar novos termos, como pós-modernidade e o resto. Ao invés disso, temos que olhar novamente para a natureza da própria modernidade a qual, por certas razões bem específicas, tem sido insuficientemente abrangida, até agora, pelas ciências sociais. Em vez de estarmos entrando num período de pós-modernidade, estamos alcançando um período em que as consequências da modernidade estão se tornando mais radicalizadas e universalizadas do que antes. Além da modernidade, devo argumentar, podemos perceber os contornos de uma ordem nova e diferente, que é "pós-moderna"; mas isto é bem diferente do que é atualmente chamado por muitos de "pós-modernidade".

As concepções que devo desenvolver têm seu ponto de origem no que chamei em outro lugar de uma interpretação "descontinuísta" do desenvolvimento social moderno.[3] Com isto quero dizer que as instituições sociais modernas são, sob alguns aspectos, únicas — diferentes em forma de todos os tipos de ordem tradicional. Capturar a natureza das descontinuidades em questão, devo dizer, é uma preliminar necessária para a análise do que a modernidade realmente é, bem como para o diagnóstico de suas consequências, para nós, no presente.

Minha abordagem requer também uma breve discussão crítica de alguns dos pontos de vista dominantes na sociologia, como a disciplina mais integralmente envolvida com o estudo da vida social moderna. Dada sua orientação cultural e epistemológica, os debates sobre modernidade e pós-modernidade em sua maior parte não enfrentaram as deficiências das posições sociológicas estabelecidas. Uma interpretação preocupada principalmente com análise institucional, contudo, como é o caso de minha discussão, deve fazê-lo.

---

3. Anthony Giddens, *The Nation-State and Violence* (Cambridge, Eng.: Polity, 1985).

Usando estas observações como um trampolim, na parte principal deste estudo devo tentar obter uma nova caracterização tanto da natureza da modernidade quanto da ordem pós-moderna que deve emergir do outro lado da era atual.

As descontinuidades da modernidade

A ideia de que a história humana é marcada por certas "descontinuidades" e não tem uma forma homogênea de desenvolvimento é obviamente familiar e tem sido enfatizada em muitas versões do marxismo. Meu uso do termo não tem conexão particular com o materialismo histórico, contudo, e não está dirigido para a caracterização da história humana como um todo. Existem indiscutivelmente descontinuidades em várias fases do desenvolvimento histórico – como, por exemplo, nos pontos de transição entre sociedades tribais e a emergência de Estados agrários. Não estou preocupado com estas. O que quero sublinhar é aquela descontinuidade específica, ou conjunto de descontinuidades, associados ao período moderno.

Os modos de vida produzidos pela modernidade nos desvencilharam de *todos* os tipos tradicionais de ordem social, de uma maneira que não tem precedentes. Tanto em sua extensionalidade quanto em sua intensionalidade, as transformações envolvidas na modernidade são mais profundas que a maioria dos tipos de mudança característicos dos períodos precedentes. Sobre o plano extensional, elas serviram para estabelecer formas de interconexão social que cobrem o globo; em termos intensionais, elas vieram a alterar algumas das mais íntimas e pessoais características de nossa existência cotidiana. Existem, obviamente, continuidades entre o tradicional e o moderno, e nem um nem outro formam um todo à parte; é bem sabido o quão equívoco pode ser contrastar a ambos de maneira grosseira. Mas as mudanças ocorridas durante os últimos três ou quatro séculos – um diminuto período de tempo histórico – foram tão dramáticas e tão abrangentes em seu impacto que dispomos apenas de ajuda limitada de nosso conhecimento de períodos precedentes de transição na tentativa de interpretá-las.

A influência a longo prazo do evolucionismo social é uma das razões por que o caráter descontinuísta da modernidade tem com frequência deixado de ser plenamente apreciado. Mesmo aquelas teorias que enfatizam a importância de transições descontinuístas, como a de Marx, veem a história humana como tendo uma direção global, governada por princípios dinâmicos gerais. Teorias evolucionárias representam de fato "grandes narrativas", embora não sejam teleologicamente inspiradas. Segundo o evolucionismo, a "história" pode ser contada em termos de um "enredo" que impõe uma imagem ordenada sobre uma mixórdia de acontecimentos humanos. A história "começa" com culturas pequenas, isoladas, de caçadores e coletores, se movimenta através do desenvolvimento de comunidades agrícolas e pastoris e daí para a formação de Estados agrários, culminando na emergência de sociedades modernas no Ocidente.

Deslocar a narrativa evolucionária, ou desconstruir seu enredo, não apenas ajuda a elucidar a tarefa de analisar a modernidade, como também muda o foco de parte do debate sobre o assim-chamado pós-moderno. A história não tem a forma "totalizada" que lhe é atribuída por suas concepções evolucionárias – e o evolucionismo, em uma ou outra versão, tem sido bem mais influente no pensamento social do que as filosofias teleológicas da história que Lyotard e outros tomam como seu alvo primordial de ataque. Desconstruir o evolucionismo social significa aceitar que a história não pode ser vista como uma unidade, ou como refletindo certos princípios unificadores de organização e transformação. Mas isto não implica que tudo é caos ou que um número infinito de "histórias" puramente idiossincráticas pode ser escrito. Há episódios precisos de transição histórica, por exemplo, cujo caráter pode ser identificado e sobre os quais podem ser feitas generalizações.[4]

Como deveríamos identificar as descontinuidades que separam as instituições sociais modernas das ordens sociais tradicionais? Diversas características estão envolvidas. Uma é o *ritmo de mudança* nítido que a era da modernidade põe em movimento. As civilizações tradicionais podem ter sido consideravelmente mais dinâmicas que outros sistemas pré-modernos, mas a rapidez da mudança em condições de modernidade é extrema. Se isto é talvez mais óbvio no que toca à tecnologia, permeia também todas as outras esferas. Uma segunda descontinuidade é o *escopo da mudança*. Conforme diferentes áreas do globo são postas em interconexão, ondas de transformação social penetram através de virtualmente toda a superfície da Terra. Uma terceira característica diz respeito à *natureza intrínseca das instituições modernas*. Algumas formas sociais modernas simplesmente não se encontram em períodos históricos precedentes – tais como o sistema político do Estado-nação, a dependência por atacado da produção de fontes de energia inanimadas, ou a completa transformação em mercadoria de produtos e trabalho assalariado. Outras têm apenas uma continuidade especiosa com ordens sociais preexistentes. Um exemplo é a cidade. Os modernos assentamentos urbanos frequentemente incorporam os locais das cidades tradicionais, e isto faz parecer que meramente expandiram-se a partir delas. Na verdade, o urbanismo moderno é ordenado segundo princípios completamente diferentes dos que estabeleceram a cidade pré-moderna em relação ao campo em períodos anteriores.[5]

---

4. Anthony Giddens, *The Constitution of Society* (Cambridge, Eng.: Polity, 1984), cap.5.
5. Anthony Giddens, *A Contemporary Critique of Historical Materialism* (London: Macmillan, 1981).

Segurança e perigo, confiança e risco

Prosseguindo em minha indagação sobre o caráter da modernidade, quero concentrar uma parte substancial da discussão sobre os temas *segurança versus perigo* e *confiança versus risco*. A modernidade, como qualquer um que vive no final do século XX pode ver, é um fenômeno de dois gumes. O desenvolvimento das instituições sociais modernas e sua difusão em escala mundial criaram oportunidades bem maiores para os seres humanos gozarem de uma existência segura e gratificante que qualquer tipo de sistema pré-moderno. Mas a modernidade tem também um lado sombrio, que se tornou muito aparente no século atual.

No todo, "o lado da oportunidade" da modernidade foi mais fortemente enfatizada pelos fundadores clássicos da sociologia. Tanto Marx como Durkheim viam a era moderna como uma era turbulenta. Mas ambos acreditavam que as possibilidades benéficas abertas pela era moderna superavam suas características negativas. Marx via a luta de classes como fonte de dissidências fundamentais na ordem capitalista, mas vislumbrava ao mesmo tempo a emergência de um sistema social mais humano. Durkheim acreditava que a expansão ulterior do industrialismo estabelecia uma vida social harmoniosa e gratificante, integrada através de uma combinação da divisão do trabalho e do individualismo moral. Max Weber era o mais pessimista entre os três patriarcas fundadores, vendo o mundo moderno como um mundo paradoxal onde o progresso material era obtido apenas à custa de uma expansão da burocracia que esmagava a criatividade e a autonomia individuais. Ainda assim, nem mesmo ele antecipou plenamente o quão extensivo viria a ser o lado mais sombrio da modernidade.

Para dar um exemplo, todos os três autores viram que o trabalho industrial moderno tinha consequências degradantes, submetendo muitos seres humanos à disciplina de um labor maçante, repetitivo. Mas não se chegou a prever que o desenvolvimento das "forças de produção" teria um potencial destrutivo de larga escala em relação ao meio ambiente material. Preocupações ecológicas nunca tiveram muito espaço nas tradições de pensamento incorporadas na sociologia, e não é surpreendente que os sociólogos hoje encontrem dificuldade em desenvolver uma avaliação sistemática delas.

Um segundo exemplo é o uso consolidado do poder político, particularmente como demonstrado em episódios de totalitarismo. O uso arbitrário do poder político parecia aos fundadores sociológicos pertencer primariamente ao passado (embora tendo às vezes eco no presente, como é indicado na análise de Marx sobre o governo de Luís Napoleão). O "despotismo" parecia ser principalmente característico de Estados pré-modernos. Na esteira da ascensão do fascismo, do Holocausto, do stalinismo e de outros episódios da história do século XX, podemos ver que a possibilidade de totalitarismos é contida dentro dos parâmetros da modernidade ao invés de ser por eles excluída. O totalitarismo é diferente do despotismo tradicional, mas é muito mais aterrorizante como resultado. O governo totalitário combina poder político, militar e ideológico de forma mais concentrada do que jamais foi possível antes da emergência dos Estados-nação modernos.[6]

O desenvolvimento do poder militar como um fenômeno geral fornece ainda um outro exemplo. Tanto Durkheim como Weber viveram para testemunhar os terríveis eventos da Primeira Guerra Mundial, embora Durkheim tenha morrido antes da conclusão do conflito. A guerra destruiu a previsão que Durkheim fizera de que uma ordem industrial pacífica e integrada seria naturalmente promovida pelo industrialismo e revelou ser impossível acomodá-la dentro do esquema intelectual que ele desenvolvera

---

6. Giddens, *Nation-State and Violence*.

como a base de sua sociologia. Weber deu mais atenção ao papel do poder militar na história passada do que Marx ou Durkheim o fizeram. Mas ele não elaborou uma avaliação do militarismo nos tempos modernos, deslocando a carga de sua análise para a racionalização e a burocratização. Nenhum dos fundadores clássicos da sociologia deu atenção sistemática ao fenômeno da "industrialização da guerra".[7] Pensadores sociais escrevendo no fim do século XIX e início do século XX não poderiam ter previsto a invenção do armamento nuclear.[*] Mas a conexão da organização e inovação industriais com o poder militar é um processo que remonta às origens da própria industrialização moderna. Que isto tenha permanecido amplamente sem análise em sociologia é uma indicação da força da concepção de que a recém-emergente ordem da modernidade seria essencialmente pacífica, em contraste com o militarismo que havia caracterizado as épocas precedentes. Não apenas a ameaça de confronto nuclear, mas a realidade do conflito militar, formam uma parte básica do "lado sombrio" da modernidade no século atual. O século XX é o século da guerra, com um número de conflitos militares sérios envolvendo perdas substanciais de vidas, consideravelmente mais alto do que em qualquer um dos dois séculos precedentes. No presente século, até agora, mais de

---
7. William McNeill, *The Pursuit of Power* (Oxford: Blackwell, 1983).
* Escrevendo em 1914, contudo, na véspera da eclosão da Grande Guerra, H. G. Wells fez tal previsão, influenciado pelo físico Frederick Soddy, um colaborador de Ernest Rutherford. O livro de Wells, *O Mundo Libertado*, narra a história de uma guerra que irrompe na Europa em 1958, dali espalhando-se através do mundo. Na guerra, uma arma terrível é usada, construída a partir de uma substância radioativa chamada Carolinum. Centenas dessas bombas, que Wells chamou de "bombas atômicas", são lançadas sobre as cidades do mundo, causando imensa devastação. Uma época de grande fome e caos político vem a seguir, depois do que é estabelecida uma nova república mundial, na qual a guerra é proibida para sempre.

100 milhões de pessoas foram mortas em guerras, uma proporção mais alta da população do mundo do que no século XIX, mesmo considerando-se o crescimento geral da população.[8] Se um conflito militar ainda que limitado eclodisse, a perda de vidas seria estarrecedora, e um conflito total entre superpotências pode erradicar completamente a humanidade. O mundo em que vivemos hoje é um mundo carregado e perigoso. Isto tem servido para fazer mais do que simplesmente enfraquecer ou nos forçar a provar a suposição de que a emergência da modernidade levaria à formação de uma ordem social mais feliz e mais segura. A perda da crença no "progresso", é claro, é um dos fatores que fundamentam a dissolução de "narrativas" da história. Há, aqui, entretanto, muito mais em jogo do que a conclusão de que a história "vai a lugar nenhum". Temos que desenvolver uma análise institucional do caráter de dois gumes da modernidade. Fazendo-o, devemos corroborar algumas das limitações das perspectivas sociológicas clássicas, limitações que continuam a afetar o pensamento sociológico nos dias de hoje.

Sociologia e modernidade

A sociologia é um campo muito amplo e diverso, e quaisquer generalizações sobre ela são questionáveis. Mas podemos destacar três concepções amplamente defendidas, derivadas em parte do prolongado impacto da teoria social clássica na sociologia, que inibem uma análise satisfatória das instituições modernas. A primeira diz respeito ao diagnóstico institucional da modernidade; a segunda tem a ver com o foco principal da análise sociológica,

---

8. Ver as estatísticas fornecidas em Ruth Leger Sívard, *World Military and Social Expenditures* (Washington, D. C.: World Priorities, 1983).

a "sociedade"; a terceira se relaciona às conexões entre conhecimento sociológico e as características da modernidade às quais se refere este conhecimento.

1. As tradições teóricas mais proeminentes na sociologia, incluindo as que derivam dos escritos de Marx, Durkheim e Weber, têm tido a tendência de cuidar de uma única e mais importante dinâmica de transformação ao interpretar a natureza da modernidade. Para autores influenciados por Marx, a força transformadora principal que modela o mundo moderno é o capitalismo. Com o declínio do feudalismo, a produção agrária baseada no domínio feudal local é substituída pela produção para mercados de escopo nacional e internacional, em termos dos quais não apenas uma variedade indefinida de bens materiais mas também a força de trabalho humano tornam-se mercadoria. A ordem social emergente da modernidade é *capitalista* tanto em seu sistema econômico como em suas outras instituições. O caráter móvel, inquieto da modernidade é explicado como um resultado do ciclo investimento-lucro-investimento que, combinado com a tendência geral da taxa de lucro a declinar, ocasiona uma disposição constante para o sistema se expandir.

Este ponto de vista foi criticado tanto por Durkheim como por Weber, que ajudaram a iniciar as interpretações rivais que influenciaram fortemente a análise sociológica ulterior. Na tradição de Saint-Simon, Durkheim rastreou a natureza das instituições modernas primariamente até o impacto do *industrialismo*. Para Durkheim, a competição capitalista não é o elemento central da ordem industrial emergente, e algumas das características sobre as quais Marx pusera grande ênfase, ele via como marginais e transitórias. O caráter de rápida transformação da vida social moderna não deriva essencialmente do capitalismo, mas do impulso energizante de uma complexa divisão de trabalho, aproveitando a produção para as necessidades humanas através da exploração industrial da natureza. Vivemos numa ordem que não é capitalista, mas industrial.

Weber falava de "capitalismo" ao invés da existência de uma ordem industrial, mas quanto a alguns pontos-chave, sua concepção está mais perto de Durkheim do que de Marx. O "capitalismo racional" como Weber o caracteriza, compreende os mecanismos econômicos especificados por Marx, incluindo a transformação do salário em mercadoria. Ainda assim, "capitalismo" neste uso significa simplesmente algo diverso do mesmo termo como ele aparece nos escritos de Marx. A "racionalização", conforme expressa na tecnologia e na organização das atividades humanas, na forma da burocracia, é a tônica. Vivemos numa ordem capitalista? É o industrialismo a força dominante que modela as instituições da modernidade? Deveríamos ao invés olhar para o controle racionalizado da informação como a principal característica subjacente? Devo argumentar que estas questões não podem ser respondidas desta forma – quer dizer, não devemos encarar estas caracterizações como mutuamente exclusivas. A modernidade, sugiro, é *multidimensional no âmbito das instituições*, e cada um dos elementos especificados por estas várias tradições representam algum papel.

2. O conceito de "sociedade" ocupa uma posição focal no discurso sociológico. "Sociedade" é obviamente uma noção ambígua, referindo-se tanto à "associação social" de um modo genérico quanto a um sistema específico de relações sociais. Preocupo-me aqui apenas com o segundo destes usos, que certamente figura de uma maneira básica em cada uma das perspectivas sociológicas dominantes. Embora os autores marxistas possam às vezes favorecer o termo "formação social" em relação à "sociedade", a conotação de "sistema fechado" é análoga.

Nas perspectivas não marxistas, particularmente aquelas relacionadas à influência de Durkheim, o conceito de sociedade é ligado à definição da própria sociologia. A definição convencional de sociologia com a qual virtualmente todo manual se inicia – "sociologia é o estudo das sociedades humanas" ou "sociologia é o estudo das sociedades modernas" – expressa claramente esta concepção. Poucos, se é que os há, autores contemporâneos seguem Durkheim tratando a sociedade de uma maneira quase mística, como última espécie de "superser" ao qual os membros individuais exibem bem apropriadamente uma atitude de reverência. Mas a primazia da "sociedade" como a noção central da sociologia é muito amplamente aceita.

Por que deveríamos ter reservas em relação à noção de sociedade conforme ordinariamente utilizada no pensamento sociológico? Há duas razões. Mesmo onde não o dizem explicitamente, os autores que veem a sociologia como o estudo das "sociedades" têm em mente as sociedades associadas à modernidade. Ao conceituá-las, eles pensam em sistemas muito claramente delimitados, com suas próprias unidades internas. Ora, entendidas desta maneira, as "sociedades" são simplesmente *Estados-nação*. Embora um sociólogo, falando de uma sociedade específica, possa casualmente empregar o termo "nação" ou "país", o caráter do Estado-nação é raras vezes diretamente teorizado. Ao explicar a natureza das sociedades modernas, temos que capturar as características específicas do Estado-nação – um tipo de comunidade social que contrasta de maneira radical com os Estados pré-modernos.

Uma segunda razão diz respeito a certas interpretações teóricas que têm estado intimamente ligadas à noção de sociedade. Uma das mais influentes é a dada por Talcott Parsons.[9] Segundo Parsons, o objetivo preeminente da sociologia é resolver o "problema da ordem". O problema da ordem é central à interpretação da limitação dos sistemas sociais, porque é definido como uma ques-

---

9. Talcott Parsons, *The Social System* (Glencoe, Ill.: Free Press, 1951).

tão de integração – o que mantém o sistema integrado em face das divisões de interesses que disporiam "todos contra todos". Não acho que seja útil pensar os sistemas sociais em tais termos.[10] Deveríamos reformular a questão da ordem como um problema de como se dá nos sistemas sociais "a ligação" tempo e espaço. O problema da ordem é visto aqui como um problema de *distanciamento tempo-espaço* – as condições nas quais o tempo e o espaço são organizados de forma a vincular presença e ausência. Esta questão tem de ser conceitualmente distinguida daquela da "limitação" dos sistemas sociais. As sociedades modernas (Estados-nação), sob alguns aspectos, de qualquer maneira, têm uma limitação claramente definida. Mas todas estas sociedades são também entrelaçadas com conexões que perpassam o sistema sociopolítico do Estado e a ordem cultural da "nação". Nenhuma das sociedades pré-modernas, virtualmente, era tão claramente limitada como os Estados-nação modernos. As civilizações agrárias tinham "fronteiras", no sentido que os geógrafos atribuem ao termo, embora comunidades agrícolas menores e sociedades de caçadores e coletores normalmente se diluíssem em outros grupos em torno delas e não fossem territoriais no mesmo sentido que as sociedades baseadas no Estado.

Em condições de modernidade, o distanciamento tempo-espaço é muito maior, mesmo nas mais desenvolvidas civilizações agrárias. Mas, há mais do que uma simples expansão na capacidade dos sistemas sociais de abarcar tempo e espaço. Devemos olhar com alguma profundidade como as instituições modernas tornaram-se "situadas" no tempo e no espaço para identificar alguns dos traços distintivos da modernidade como um todo.

3. Em várias formas de pensamento, sob outros aspectos divergentes, a sociologia tem sido compreendida como geradora de

---

10. Elaborei as razões para isto no *Constitution of Society*.

conhecimento sobre a vida social moderna, conhecimento este que pode ser usado no interesse da previsão e do controle. Duas versões deste tema são proeminentes. Uma é a concepção de que a sociologia proporciona informação sobre a vida social que pode nos dar uma espécie de controle sobre as instituições sociais semelhantes àquela proporcionada pelas ciências físicas no domínio da natureza. O conhecimento sociológico mantém uma relação instrumental com o mundo social com o qual se relaciona; tal conhecimento pode ser aplicado de uma maneira tecnológica para intervir na vida social. Outros autores, inclusive Marx (ou, ao menos, o Marx de certas interpretações) adotam um ponto de vista diferente. Para eles, a ideia de "usar a história para fazer história" é a chave: as descobertas da ciência social não podem apenas ser aplicadas a um objeto inerte, mas devem ser filtradas através do autoentendimento dos agentes sociais.

Esta última concepção é inegavelmente mais sofisticada que as outras, mas é ainda inadequada, na medida em que sua visão de reflexividade é demasiado simples. A relação entre a sociologia e seu objeto – as ações dos seres humanos em condições de modernidade – deve, pelo contrário, ser entendida em termos de "hermenêutica dupla".[11] O desenvolvimento do conhecimento sociológico é parasítico dos conceitos dos leigos agentes; por outro lado, noções cunhadas nas metalinguagens das ciências sociais retomam rotineiramente ao universo das ações onde foram inicialmente formuladas para descrevê-lo ou explicá-lo. Mas este conhecimento não leva de maneira direta a um mundo social transparente. *O conhecimento sociológico espirala dentro e fora do universo da vida social, reconstituindo tanto este universo como a si mesmo como uma parte integral deste processo.*

---

11. Anthony Giddens, *New Rules of Sociological Method* (London: Hutchinson, 1974); *Constitution of Society.*

Este é um modelo de reflexividade, mas não um modelo em que há uma sucessão paralela entre a acumulação de conhecimento sociológico, por um lado, e o controle firmemente mais extensivo do desenvolvimento social, por outro. A sociologia (e as outras ciências sociais que lidam com seres humanos) não desenvolve conhecimento acumulativo da mesma maneira que, pode-se dizer, o fazem as ciências naturais. Pelo contrário, a "introdução" (*feed--in*) de noções sociológicas ou reivindicações de conhecimento no mundo social não é um processo que possa ser imediatamente canalizado, nem por aqueles que o propõem, nem mesmo por grupos poderosos ou agências governamentais. Ainda assim, o impacto prático das teorias sociológicas e da ciência social é enorme, e os conceitos e descobertas sociológicos estão constitutivamente envolvidos no que a modernidade *é*. Devo desenvolver o significado desta característica mais detalhadamente adiante.

Se formos compreender adequadamente a natureza da modernidade, quero argumentar, temos que romper com as perspectivas sociológicas existentes a respeito de cada um dos pontos mencionados. Temos que dar conta do extremo dinamismo e do escopo globalizante das instituições modernas e explicar a natureza de suas descontinuidades em relação às culturas tradicionais. Devo chegar a uma caracterização destas instituições colocando em primeiro lugar a questão: quais são as fontes da natureza dinâmica da modernidade? Na formulação de uma resposta devem-se distinguir vários conjuntos de elementos, cada um dos quais é relevante tanto para o caráter dinâmico como para o caráter "de alcance mundial" das instituições modernas.

O dinamismo da modernidade deriva da *separação do tempo e do espaço* e de sua recombinação em formas que permitem o "zoneamento" tempo-espacial preciso da vida social; do *desencaixe* dos sistemas sociais (um fenômeno intimamente vinculado aos fatores envolvidos na separação tempo-espaço); e da *ordenação e reordenação reflexiva* das relações sociais à luz das contínuas entradas (*inputs*) de conhecimento afetando as ações de indivíduos e grupos. Devo analisar isto mais detalhadamente (incluindo um exame inicial da natureza da confiança), a começar pela ordenação do tempo e do espaço.

Modernidade, tempo e espaço

Para compreender as íntimas conexões entre a modernidade e a transformação do tempo e do espaço, temos que começar traçando alguns contrastes com a relação tempo-espaço no mundo pré-moderno. Todas as culturas pré-modernas possuíam maneiras de calcular o tempo. O calendário, por exemplo, foi uma característica tão distintiva dos Estados agrários quanto a invenção da escrita. Mas o cálculo do tempo que constituía a base da vida cotidiana, certamente para a maioria da população, sempre vinculou tempo e lugar – e era geralmente impreciso e variável. Ninguém poderia dizer a hora do dia sem referência a outros marcadores socioespaciais: "quando" era quase, universalmente, ou conectado a "onde" ou identificado por ocorrências naturais regulares. A invenção do relógio mecânico e sua difusão entre virtualmente todos os membros da população (um fenômeno que data em seus primórdios do final do século XVIII) foram de significação-chave na separação entre o tempo e o espaço. O relógio expressava uma dimensão uniforme de tempo "vazio" quantificado de uma maneira que permitisse a designação precisa de "zonas" do dia (a "jornada de trabalho", por exemplo).[12]

---

12. Eviatar Zerubavel, *Hidden Rhythms: Schedules and Calendars in Social Life* (Chicago: University of Chicago Press, 1981).

O tempo ainda estava conectado com o espaço (e o lugar) até que a uniformidade de mensuração do tempo pelo relógio mecânico correspondeu à uniformidade na organização social do tempo. Esta mudança coincidiu com a expansão da modernidade e não foi completada até o corrente século. Um de seus principais aspectos é a padronização em escala mundial dos calendários. Todos seguem atualmente o mesmo sistema de datação: a aproximação do "ano 2000", por exemplo, é um evento global. Diferentes "Anos Novos" continuam a coexistir mas estão incluídos no interior de um modo de datação que se tornou, para todos os efeitos, universal. Um segundo aspecto é a padronização do tempo através de regiões. Mesmo no final do século XIX, áreas diferentes dentro de um único Estado geralmente tinham "tempos" diferentes, enquanto entre as fronteiras dos países a situação era ainda mais caótica.[13]

O "esvaziamento do tempo" é em grande parte a pré-condição para o "esvaziamento do espaço" e tem assim prioridade causal sobre ele. Pois, como devo argumentar adiante, a coordenação através do tempo é a base do controle do espaço. O desenvolvimento de "espaço vazio" pode ser compreendido em termos da separação entre *espaço* e *lugar*. É importante enfatizar a distinção entre estas duas noções, pois elas são frequentemente usadas mais ou menos como sinônimos. "Lugar" é melhor conceitualizado por meio da ideia de localidade, que se refere ao cenário físico da atividade social como situado geograficamente.[14] Nas sociedades pré-modernas, espaço e tempo coincidem amplamente, na medida em que as dimensões espaciais da vida social são, para a maioria da população, e para quase todos os efeitos, dominadas pela "pre-

---

13. Stephen Kern, *The Culture of Time and Space 1880-1918* (London: Weidenfeld, 1983).
14. Giddens, *The Constitution of Society.*

sença" – por atividades localizadas. O advento da modernidade arranca crescentemente o espaço do tempo fomentando relações entre outros "ausentes", localmente distantes de qualquer situação dada ou interação face a face. Em condições de modernidade, o lugar se torna cada vez mais *fantasmagórico*: isto é, os locais são completamente penetrados e moldados em termos de influências sociais bem distantes deles. O que estrutura o local não é simplesmente o que está presente na cena; a "forma visível" do local oculta as relações distanciadas que determinam sua natureza.

O deslocamento do espaço do lugar não é, como no caso do tempo, intimamente relacionado à emergência de modos uniformes de mensuração. Meios de subdividir o espaço de modo fidedigno sempre foram mais prontamente disponíveis do que meios de produzir mensurações uniformes do tempo. O desenvolvimento do "espaço vazio" está ligado acima de tudo a dois conjuntos de fatores: aqueles que concedem a representação do espaço sem referência a um local privilegiado que forma um ponto favorável específico; e aqueles que tornam possível a substituição de diferentes unidades espaciais. A "descoberta" de regiões "remotas" do mundo por viajantes e exploradores ocidentais foi a base necessária para ambos. O mapeamento progressivo do globo que levou à criação de mapas universais, nos quais a perspectiva desempenhava um pequeno papel na representação da posição e forma geográficas, estabeleceu o espaço como "independente" de qualquer lugar ou região particular.

A separação entre o tempo e o espaço não deve ser vista como um desenvolvimento unilinear, no qual não há reversões ou que é todo abrangente. Pelo contrário, como todas as tendências de desenvolvimento, ela tem traços dialéticos provocando características opostas. Além do mais, o rompimento entre tempo e espaço fornece uma base para sua recombinação em relação à atividade social. Isto é facilmente demonstrado tomando-se o exemplo do horário. Um horário, tal como uma tabela que marca as horas em que correm os trens, pode parecer à primeira vista meramente um mapa temporal. Mas na verdade é um dispositivo de ordenação tempo-espaço, indicando quando e onde chegam os trens. Como tal, ele permite a complexa coordenação de trens e seus passageiros e cargas através de grandes extensões de tempo-espaço.

Por que a separação entre tempo e espaço é tão crucial para o extremo dinamismo da modernidade?

Em primeiro lugar, ela é a condição principal do processo de desencaixe que passo a analisar de maneira breve. A separação entre tempo e espaço e sua formação em dimensões padronizadas, "vazias", penetram as conexões entre a atividade social e seus "encaixes" nas particularidades dos contextos de presença. As instituições desencaixadas dilatam amplamente o escopo do distanciamento tempo-espaço e, para ter este efeito, dependem da coordenação através do tempo e do espaço. Este fenômeno serve para abrir múltiplas possibilidades de mudança liberando das restrições dos hábitos e das práticas locais.

Em segundo lugar, ela proporciona os mecanismos de engrenagem para aquele traço distintivo da vida social moderna, a organização racionalizada. As organizações (inclusive os Estados modernos) podem às vezes ter a qualidade um tanto estática, inercial, que Weber associava à burocracia, mas mais comumente elas têm um dinamismo que contrasta agudamente com as ordens pré-modernas. As organizações modernas são capazes de conectar o local e o global de formas que seriam impensáveis em sociedades mais tradicionais, e, assim fazendo, afetam rotineiramente a vida de milhões de pessoas.

Em terceiro lugar, a historicidade radical associada à modernidade depende de modos de "inserção" no tempo e no espaço que não eram disponíveis para as civilizações precedentes. A "história", como a apropriação sistemática do passado para ajudar a

AS CONSEQUÊNCIAS DA MODERNIDADE   31

modelar o futuro, recebeu seu primeiro estímulo importante com a primitiva emergência dos Estados agrários, mas o desenvolvimento das instituições modernas lhe deu um novo ímpeto fundamental. Um sistema de datação padronizado, agora universalmente reconhecido, possibilita uma apropriação de um passado unitário, mas muito de tal "história" pode estar sujeito a interpretações contrastantes. Em acréscimo, dado o mapeamento geral do globo que é hoje tomado como certo, o passado unitário é um passado mundial; tempo e espaço são recombinados para formar uma estrutura histórico-mundial genuína de ação e experiência.

Desencaixe

Que me seja permitido agora considerar o desencaixe dos sistemas sociais. Por desencaixe me refiro ao "deslocamento" das relações sociais de contextos locais de interação e sua reestruturação através de extensões indefinidas de tempo-espaço.

Os sociólogos têm discutido com frequência a transição do mundo tradicional ao mundo moderno em termos de conceitos de "diferenciação" ou "especialização funcional". A mudança de sistemas de pequena escala para civilizações agrárias e, então, para sociedades modernas, de acordo com esta concepção, pode ser vista como um processo de progressiva diferenciação interna. Podem-se fazer várias objeções a esta posição. Ela tende a estar vinculada a uma perspectiva evolucionária, não dando atenção ao "problema da limitação" na análise dos sistemas societais, e muito frequentemente depende de noções funcionalistas.[15] Mais

---

15. Para a crítica do funcionalismo, ver Anthony Giddens, "Functionalism: après la lutte" em seu *Studies in Social and Political Theory* (London: Hutchinson, 1977).

importante para a presente discussão, contudo, é o fato de que ela não encaminha satisfatoriamente a questão do distanciamento tempo-espaço. As noções de diferenciação ou especialização funcional não são muito adequadas para lidar com o fenômeno da vinculação do tempo e do espaço pelos sistemas sociais. A imagem evocada pelo desencaixe é mais apta a capturar os alinhamentos em mudança de tempo e espaço que são de importância fundamental para a mudança social em geral e para a natureza da modernidade em particular.

Quero distinguir dois tipos de mecanismos de desencaixe intrinsecamente envolvidos no desenvolvimento das instituições sociais modernas. O primeiro deles denomino de criação de *fichas simbólicas*; o segundo chamo de estabelecimento de *sistemas peritos*.

Por fichas simbólicas quero significar meios de intercâmbio que podem ser "circulados" sem ter em vista as características específicas dos indivíduos ou grupos que lidam com eles em qualquer conjuntura particular. Vários tipos de fichas simbólicas podem ser distinguidos, tais como os meios de legitimação política; devo me concentrar aqui na ficha do *dinheiro*.

A natureza do dinheiro tem sido amplamente discutida em sociologia e constitui obviamente uma preocupação permanente da economia. Em seus primeiros escritos, Marx falava do dinheiro como "a prostituta universal", um meio de troca que nega o conteúdo dos bens e serviços substituindo-os por um padrão impessoal. O dinheiro permite a troca de qualquer coisa por qualquer coisa, a despeito dos bens envolvidos partilharem quaisquer qualidades substantivas em comum. Os comentários críticos de Marx sobre o dinheiro prenunciam sua distinção subsequente entre valor de uso e valor de troca. O dinheiro torna possível a generalização destes, devido a seu papel de "pura mercadoria".[16]

---

16. Karl Marx, *Grundrisse* (Harmondsworth: Penguin, 1973), p.141, 145, 166-7.

A explicação mais abrangente e sofisticada das conexões entre dinheiro e modernidade, entretanto, é a de Georg Simmel.[17] Devo voltar a isto logo, na medida em que vou utilizá-la em minha própria discussão do dinheiro como um mecanismo de desencaixe. Entrementes, deve ser observado que uma preocupação com o caráter social do dinheiro faz parte dos escritos de Talcott Parsons e Niklas Luhmann em períodos mais recentes. Parsons é aqui o autor dominante. Segundo ele, o dinheiro é um dos diversos tipos de "meio de comunicação circulante" nas sociedades modernas, além do poder, da linguagem e outros. Embora as abordagens de Parsons e Luhmann tenham afinidades com o que devo colocar mais adiante, não aceito a estrutura principal de suas análises. Nem o poder nem a linguagem estão ao mesmo nível do dinheiro ou outros mecanismos de desencaixe. O poder e o uso da linguagem são traços intrínsecos da ação social de modo muito geral, e não de formas sociais específicas.

O que é o dinheiro? Os economistas nunca conseguiram concordar numa resposta a esta questão. Os escritos de Keynes, no entanto, fornecem provavelmente o melhor ponto de partida. Uma das principais ênfases de Keynes é sobre o caráter distintivo do dinheiro, e sua análise rigorosa separa sua obra daquelas versões do pensamento econômico neoclássico onde, segundo Leon Walras, "o dinheiro não existe".[18] Keynes distingue antes de tudo dinheiro de crédito e dinheiro propriamente dito.[19] Em sua forma primitiva, o dinheiro é identificado com débito. O "dinheiro mercadoria" assim designado é um primeiro passo no caminho da transformação da permuta numa economia de dinheiro. Uma transição básica é iniciada quando reconhecimentos de débito po-

---

17. Georg Simmel, *The Philosophy of Money* (London: Routlege, 1978).
18. Leon Walras, *Elements of Pure Economics* (London: Allen and Unwin, 1965).
19. J. M. Keynes, *A Treatise on Money* (London: Macmillan, 1930).

dem ser substituídos por mercadorias tais como no acordo das transações. Este "reconhecimento espontâneo de débito" pode ser emitido por qualquer banco e representa "dinheiro bancário". O dinheiro bancário é o reconhecimento de um débito privado até que ele se torne mais amplamente difundido. Este movimento para o dinheiro propriamente dito envolve a intervenção do Estado, que age como fiador do valor. Somente o Estado (o que significa aqui o Estado-nação moderno) está apto a transformar transações de débito privado em meios padronizados de pagamento – em outras palavras, a colocar débito e crédito em equilíbrio no tocante a um número indefinido de transações.

O dinheiro em sua forma desenvolvida é definido acima de tudo em termos de crédito e débito, em que estes dizem respeito a uma pluralidade de intercâmbios amplamente difundidos. É por esta razão que Keynes relaciona intimamente o dinheiro ao tempo.[20] O dinheiro é um modo de adiamento, proporcionando os meios de conectar crédito e dívida em circunstâncias em que a troca imediata de produtos é impossível. O dinheiro, pode-se dizer, é um meio de retardar o tempo e assim separar as transações de um local particular de troca. Posto com mais acurácia, nos termos anteriormente introduzidos, o dinheiro é um meio de distanciamento tempo-espaço. O dinheiro possibilita a realização de transações entre agentes amplamente separados no tempo e no espaço. As implicações espaciais do dinheiro são bem caracterizadas por Simmel, que salienta:

> o papel do dinheiro está associado à distância espacial entre o indivíduo e sua posse... Apenas se o lucro de um empreendimento assumir uma forma que possa ser facilmente transferida para outro lugar, ele garante à propriedade e ao proprietário, através de sua separação espacial, um alto grau de independência ou, em outras palavras, automobilidade... O poder do dinhei-

---

20. Ver Alvaro Cencini, *Money, Income and Time* (London: Pinter, 1988).

ro de cobrir distâncias possibilita ao proprietário e à sua posse existirem tão afastados um do outro a ponto de cada um poder seguir seus próprios preceitos numa medida maior do que no período em que o proprietário e suas posses ainda permaneciam num relacionamento mútuo direto, quando todo engajamento econômico era também um engajamento pessoal.[21]

A condição de desencaixe proporcionada pelas economias monetárias modernas é imensamente maior do que em qualquer das civilizações pré-modernas em que existia dinheiro. Mesmo nos mais desenvolvidos dos sistemas monetários da era pré-moderna, como o Império Romano, nenhum avanço foi feito para além do que, nos termos de Keynes, seria dinheiro mercadoria, na forma de cunhagem material. Hoje, o "dinheiro propriamente dito" é independente dos meios pelos quais ele é representado, assumindo a forma de pura informação armazenada como números num disquete de computador. É errada a metáfora de ver o dinheiro, como faz Parsons, em termos de meio de comunicação circulante. Como moedas ou notas, o dinheiro circula; mas numa ordem econômica moderna o grosso das transações monetárias não assume esta forma. Cencini salienta que as ideias convencionais de que o dinheiro "circula", e pode ser pensado em termos de um "fluxo", são essencialmente equívocas.[22] Se o dinheiro fluísse – digamos, como água – sua circulação seria diretamente expressa em termos de tempo. Seguir-se-ia disto que quanto maior a velocidade, mais estreita seria a corrente necessária para uma mesma quantidade fluir por unidade de tempo. No caso do dinheiro, isto significaria que a quantidade requerida para uma dada transação seria proporcional à velocidade de sua circulação. Mas é completamente sem sentido dizer que um pagamento de £100 poderia igualmente ser feito com £50 ou £10. O dinheiro não se relaciona ao tempo

---

21. Simmel, *Philosophy of Money*, p.332-3.
22. Cencini, *Money, Income and Time*.

(ou, mais precisamente, ao tempo-espaço) como um fluxo, mas exatamente como um meio de vincular tempo-espaço associando instantaneidade e adiamento, presença e ausência. Nas palavras de R. S. Sayer, "Nenhum componente do ativo está em ação como um meio de troca exceto no exato momento de ser transferido de uma propriedade para outra, em pagamento de alguma transação".[23]

O dinheiro é um exemplo dos mecanismos de desencaixe associados à modernidade; não procurarei detalhar a contribuição substantiva de uma economia monetária desenvolvida ao caráter das instituições modernas. O "dinheiro propriamente dito", entretanto, é obviamente uma parte inerente da vida social moderna bem como um tipo específico de ficha simbólica. Ele é fundamental para o desencaixe da atividade econômica moderna. Uma das formas mais características de desencaixe na era moderna, por exemplo, é a expansão dos mercados capitalistas (incluindo os mercados monetários), que ocorrem relativamente cedo num escopo internacional. O "dinheiro propriamente dito" é essencial às transações distanciadas que eles envolvem. Ele é também, como salienta Simmel, essencial à natureza da posse e alienabilidade da propriedade na atividade econômica moderna.

Todos os mecanismos de desencaixe, tanto as fichas simbólicas como os sistemas peritos, dependem da *confiança*. A confiança está portanto envolvida de uma maneira fundamental com as instituições da modernidade. A confiança está aqui revestida de capacidades não individuais, mas abstratas. Qualquer um que use fichas monetárias o faz na presunção de que outros, os quais ele ou ela nunca conhece, honrem seu valor. Mas é no dinheiro enquanto tal que se confia, não apenas ou mesmo primariamente,

---

23. R. S. Sayers, "Monetary Thought and Monetary Policy in England", *Economic Journal*, Dec. 1960; citado em Cencini, *Money, Income and Time*, p.71.

nas pessoas com as quais as transações específicas são efetuadas. Devo considerar o caráter geral da confiança um pouco adiante. Concentrando por enquanto nossa atenção no caso do dinheiro, podemos notar que os vínculos entre dinheiro e confiança são especificamente observados e analisados por Simmel. Como Keynes, ele vincula a confiança em transações monetárias à "credibilidade pública no governo emitente". Simmel distingue a credibilidade do dinheiro do "conhecimento indutivo fraco" envolvido em muitas transações adiantadas. Assim, se um fazendeiro não estivesse confiante em que um campo produziria cereais no ano seguinte como o fez no ano anterior, ele não semearia. A confiança no dinheiro envolve mais do que um cálculo de fidedignidade de prováveis eventos futuros. A confiança existe, diz Simmel, quando "acreditamos" em alguém ou em algum princípio: "Ela exprime a sensação de que existe entre a nossa ideia de um ser e o próprio ser uma conexão e unidade definidas, uma certa consistência em nossa concepção dele, uma convicção e falta de resistência na rendição do Ego a esta concepção, que pode repousar em razões específicas, mas não é explicada por elas".[24] A confiança, em suma, é uma forma de "fé" na qual a segurança adquirida em resultados prováveis expressa mais um compromisso com algo do que apenas uma compreensão cognitiva. Na verdade, e devo elaborar isto mais adiante, as modalidades de confiança envolvidas nas instituições modernas, dependendo do caso, permanecem como compreensões vagas e parciais de sua "base de conhecimento".

Vamos agora examinar a natureza dos *sistemas peritos*.* Por sistemas peritos quero me referir a sistemas de excelência técnica ou competência profissional que organizam grandes áreas dos

---

24. Simmel, *Philosophy of Money*, p.179.
* No original: *expert Systems*.

ambientes material e social em que vivemos hoje.[25] A maioria das pessoas leigas consulta "profissionais" – advogados, arquitetos, médicos etc. – apenas de modo periódico ou irregular. Mas os sistemas nos quais está integrado o conhecimento dos peritos influenciam muitos aspectos do que fazemos de uma maneira *contínua*. Ao estar simplesmente em casa, estou envolvido num sistema perito, ou numa série de tais sistemas, nos quais deposito minha confiança. Não tenho nenhum medo específico de subir as escadas da moradia, mesmo considerando que sei que em princípio a estrutura pode desabar. Conheço muito pouco os códigos de conhecimento usados pelo arquiteto e pelo construtor no projeto e construção da casa, mas não obstante tenho "fé" no que eles fizeram. Minha "fé" não é tanto neles, embora eu tenha que confiar em sua competência, como na autenticidade do *conhecimento perito** que eles aplicam – algo que não posso, em geral, conferir exaustivamente por mim mesmo.

Quando saio de minha casa e entro num carro, penetro num cenário que está completamente permeado por conhecimento perito – envolvendo o projeto e construção de automóveis, estradas, cruzamentos, semáforos e muitos outros itens. Todos sabem que dirigir um automóvel é uma atividade perigosa, acarretando o risco de acidente. Ao escolher sair de carro, aceito este risco, mas confio na perícia acima mencionada para me garantir de que ele é o mais minimizado possível. Tenho muito pouco conhecimento de como o automóvel funciona e poderia realizar apenas pequenos reparos se algo desse errado. Tenho um conhecimento mínimo das técnicas de modalidades de construção de estradas, de manutenção de ruas, ou dos computadores que ajudam a controlar o movimento do

---

25. Eliot Freidson, *Professional Powers: A Study in the Institutionalization of Formal Knowledge* (Chicago: University of Chicago Press, 1986).
* No original: *expert Knowledge*.

trânsito. Quando estaciono o carro no aeroporto e embarco num avião, ingresso em outros sistemas peritos, dos quais meu próprio conhecimento técnico é, no melhor dos casos, rudimentar.

Os sistemas peritos são mecanismos de desencaixe porque, em comum com as fichas simbólicas, eles removem as relações sociais das imediações do contexto. Ambos os tipos de mecanismo de desencaixe pressupõem, embora também promovam, a separação entre tempo e espaço como condição do distanciamento tempo-espaço que eles realizam. Um sistema perito desencaixa da mesma forma que uma ficha simbólica, fornecendo "garantias" de expectativas através de tempo-espaço distanciados. Este "alongamento" de sistemas sociais é conseguido por meio da natureza impessoal de testes aplicados para avaliar o conhecimento técnico e pela crítica pública (sobre a qual se baseia a produção do conhecimento técnico), usado para controlar sua forma.

Para a pessoa leiga, repetindo, a confiança em sistemas peritos não depende nem de uma plena iniciação nestes processos nem do domínio do conhecimento que eles produzem. A confiança é inevitavelmente, em parte, um artigo de "fé". Esta proposição não deve ser muito simplificada. Um elemento do "conhecimento indutivo fraco" de Simmel está sem dúvida, com muita frequência, presente na confiança que protagonistas leigos mantêm em sistemas peritos. Há um elemento pragmático na "fé", baseado na experiência de que tais sistemas geralmente funcionam como se espera que eles o façam. Em acréscimo, há frequentemente forças reguladoras além e acima das associações profissionais com o intuito de proteger os consumidores de sistemas peritos – organismos que licenciam máquinas, mantêm vigilância sobre os padrões dos fabricantes de aeronaves, e assim por diante. Nada disto, entretanto, altera a observação de que todos os mecanismos de desencaixe implicam uma atitude de confiança. Que me seja permitido considerar agora como podemos compreender melhor a noção de confiança e como a confiança se relaciona de uma maneira geral ao distanciamento tempo-espaço.

Confiança

O termo "confiança" aflora com muita frequência na linguagem comum.[26] Alguns sentidos do termo, embora partilhem amplas afinidades com outros usos, são de implicação relativamente desimportante. Alguém que diz "Confio que você esteja bem", normalmente quer dizer algo mais com esta fórmula de polidez do que "Espero que você esteja com boa saúde" – embora, mesmo aqui "confio" tenha uma conotação algo mais forte que "espero", implicando algo mais próximo a "Espero não ter motivos para duvidar". A atitude de crença ou crédito que entra em confiança em alguns contextos mais significativos já se encontra aqui. Quando alguém diz: "Confio em que X se comportará desta maneira", esta implicação é mais evidente, embora não muito além do nível do "conhecimento indutivo fraco". É reconhecido que se conta com X para produzir o comportamento em questão, dadas as circunstâncias apropriadas. Mas estes usos não interessam especialmente ao assunto em questão nessa discussão, porque não se referem às relações sociais que incorporam confiança. Eles não se relacionam aos sistemas perpetuadores de confiança, mas são designações referentes ao comportamento de outros; o indivíduo envolvido não é requisitado a demonstrar aquela "fé" que a confiança envolve em seus significados mais profundos.

---

26. Na discussão que se segue trabalhei sobre diversos materiais não publicados que me foram cedidos por Deirdre Boden. Suas ideias são de importância essencial para concepções que elaboro nesta seção e, de fato, para o livro como um todo.

A principal definição de "confiança" no *Oxford English Dictionary* é descrita como "crença ou crédito em alguma qualidade ou atributo de uma pessoa ou coisa, ou a verdade de uma afirmação", e esta definição proporciona um ponto de partida útil. "Crença" e "crédito" estão claramente ligados de alguma forma à "fé", da qual, seguindo Simmel, já falei. Embora reconhecendo que fé e confiança são intimamente aliadas, Luhmann faz uma distinção entre as duas que é a base de sua obra sobre confiança.[27] A confiança, diz ele, deve ser compreendida especificamente em relação ao risco, um termo que passa a existir apenas no período moderno.* A noção se originou com a compreensão de que resultados inesperados podem ser uma consequência de nossas próprias atividades ou decisões, ao invés de exprimirem significados ocultos da natureza ou intenções inefáveis da Deidade. "Risco" substitui em grande parte o que antes era pensado como *fortuna* (fortuna ou destino) e torna-se separado das cosmologias. A confiança pressupõe consciência das circunstâncias de risco, o que não ocorre com a crença. Tanto a confiança como a crença se referem a expectativas que podem ser frustradas ou desencorajadas. A crença, como Luhmann a emprega, se refere a uma atitude mais ou menos tida como certa de que as coisas familiares permanecerão estáveis:

> o caso normal é o da crença. Você está crente que suas expectativas não serão desapontadas: que os políticos tentarão evitar a guerra, que os carros não quebrarão ou deixarão subitamente o meio da rua para atingi-lo em seu passeio de domingo à tarde. Você não pode viver sem formar expectativas

---

27. Niklas Luhmann, *Trust and Power* (Chichester: Wiley, 1979); Luhmann, "Familiarity, Confidence, Trust: Problems and Alternatives", in Diego Gambetta ed., *Trust: Making and Breaking Cooperative Relations* (Oxford: Blackwell, 1988).

* A palavra *risk* parece ter encontrado seu caminho para o inglês no século XVII e vem provavelmente de um termo náutico espanhol que significa correr para o perigo ou ir contra uma rocha.

no que toca a eventos contingentes e você tem que negligenciar, mais ou menos, a possibilidade de desapontamento. Você negligencia isto porque se trata de uma possibilidade muito rara, mas também porque não sabe mais o que fazer. A alternativa é viver num estado de incerteza permanente e privar-se das expectativas sem ter nada com o que substituí-las.[28]

Na concepção de Luhmann, quando se trata de confiança, o indivíduo considera conscientemente as alternativas para seguir um curso específico de ação. Alguém que compra um carro usado, ao invés de um novo, arrisca-se a adquirir uma dor de cabeça. Ele ou ela deposita confiança na pessoa do vendedor ou na reputação da firma para tentar evitar que isto ocorra. Deste modo, um indivíduo que não considera alternativas está numa situação de crença, enquanto alguém que reconhece essas alternativas e tenta calcular os riscos assim reconhecidos, engaja-se em confiança. Numa situação de crença, uma pessoa reage ao desapontamento culpando outros; em circunstâncias de confiança ela ou ele deve assumir parcialmente a responsabilidade e pode se arrepender de ter depositado confiança em alguém ou algo. A distinção entre confiança e crença depende da possibilidade de frustração ser influenciada pelo próprio comportamento prévio da pessoa e portanto de uma discriminação correlata entre risco e perigo. Porque a noção de risco é de origem relativamente recente, Luhmann alega, a possibilidade de separar risco e perigo deve derivar de características sociais da modernidade. Ela surge, essencialmente, de uma compreensão do fato de que a maioria das contingências que afetam a atividade humana são humanamente criadas, e não meramente dadas por Deus ou pela natureza.

A abordagem de Luhmann é importante e dirige nossa atenção para várias discriminações conceituais que devem ser feitas na compreensão da confiança. Não acho, contudo, que podemos nos

---

28. Luhmann, "Familiarity", p.97.

satisfazer com os detalhes de sua conceitualização. Ele seguramente está certo em distinguir entre confiança e crença, e entre risco e perigo, bem como em afirmar que todos estes estão de alguma maneira intimamente ligados entre si. Mas é inútil vincular a noção de confiança a circunstâncias específicas em que os indivíduos contemplam conscientemente cursos alternativos de ação. A confiança é geralmente muito mais um estado contínuo do que isto implica. Ela é, como devo sugerir adiante, um tipo específico de crença em vez de algo diferente dela. Observações análogas se aplicam ao risco e ao perigo. Não concordo com a afirmação de Luhmann de que "se você se abstém de agir você não corre risco"[29] – em outras palavras, nada aventurado, nada (potencialmente) perdido. A inação é frequentemente arriscada, e há certos riscos que todos nós temos que enfrentar quer gostemos ou não, tais como os riscos de catástrofe ecológica ou guerra nuclear. Além disso, não há conexão intrínseca entre crença e perigo, mesmo como Luhmann os define. O perigo existe em circunstâncias de risco e é na verdade relevante para a definição do que é risco – os riscos que envolvem atravessar o Atlântico num pequeno bote, por exemplo, são consideravelmente maiores do que se a viagem for feita num grande transatlântico devido à variação contida no elemento de perigo.

Sugiro conceituar diferentemente a confiança e suas noções concomitantes. Para facilitar a exposição, devo dispor os elementos envolvidos como uma série de dez pontos que inclui uma definição de confiança, mas devolve também uma gama de observações relacionadas.

1. A confiança está relacionada à ausência no tempo e no espaço. Não haveria necessidade de se confiar em alguém cujas atividades fossem continuamente visíveis e cujos processos de pensamento fossem transparentes, ou de se confiar em algum

---

29. Ibidem, p.100.

sistema cujos procedimentos fossem inteiramente conhecidos e compreendidos. Diz-se que a confiança é "um dispositivo para se lidar com a liberdade dos outros",[30] mas a condição principal de requisitos para a confiança não é a falta de poder, mas falta de informação plena.

2. A confiança está basicamente vinculada, não ao risco, mas à contingência. A confiança sempre leva à conotação de credibilidade em face de resultados contingentes, digam estes respeito a ações de indivíduos ou à operação de sistemas. No caso de confiança em agentes humanos, a suposição de credibilidade envolve a atribuição de "probidade" (honra) ou amor. É por isto que a confiança em pessoas é psicologicamente consequente para o indivíduo que confia: é dado um refém moral à fortuna.

3. A confiança não é o mesmo que fé na credibilidade de uma pessoa ou sistema; ela é o que deriva desta fé. A confiança é precisamente o elo entre fé e crença, e é isto o que a distingue do "conhecimento indutivo fraco". Este último é crença baseada em algum tipo de domínio das circunstâncias em que a crença é justificada. *Toda* confiança é num certo sentido confiança cega!

4. Pode-se falar de confiança em fichas simbólicas ou sistemas peritos, mas isto se baseia na fé, na correção de princípios dos quais se é ignorante, não na fé na "probidade moral" (boas intenções) de outros. A confiança em pessoas, é claro, é sempre relevante em certo grau para a fé em sistemas, mas diz respeito antes ao seu funcionamento *apropriado* do que à sua operação enquanto tal.

5. Neste ponto chegamos a uma definição de confiança. A confiança pode ser definida como crença na credibilidade de uma pessoa ou sistema, tendo em vista um dado conjunto de resulta-

---

30. Diego Gambetta: "Can We Trust" in Gambetta, *Trust*. Ver também o importante artigo de John Dunn, "Trust and Political Agency", no mesmo volume.

dos ou eventos, em que essa crença expressa uma fé na probidade ou amor de um outro, ou na correção de princípios abstratos (conhecimento técnico).

6. Em condições de modernidade, a confiança existe no contexto de: (a) a consciência geral de que a atividade humana – incluindo nesta expressão o impacto da tecnologia sobre o mundo material – é criada socialmente, e não dada pela natureza das coisas ou por influência divina; (b) o escopo transformativo amplamente aumentado da ação humana, levado a cabo pelo caráter dinâmico das instituições sociais modernas. O conceito de risco substitui o de *fortuna*, mas isto não porque os agentes nos tempos pré-modernos não pudessem distinguir entre risco e perigo. Isto representa, pelo contrário, uma alteração na percepção da determinação e da contingência, de forma que os imperativos morais humanos, as causas naturais e o acaso passam a reinar no lugar das cosmologias religiosas. A ideia de acaso, em seus sentidos modernos, emerge ao mesmo tempo que a de risco.

7. Perigo e risco estão intimamente relacionados mas não são a mesma coisa. A diferença não reside em se um indivíduo pesa ou não conscientemente as alternativas ao contemplar ou assumir uma linha de ação específica. O que o risco pressupõe é precisamente o perigo (não necessariamente a consciência do perigo). Uma pessoa que arrisca algo corteja o perigo, onde o perigo é compreendido como uma ameaça aos resultados desejados. Qualquer um que assume um "risco calculado" está consciente da ameaça ou ameaças que uma linha de ação específica pode pôr em jogo. Mas é certamente possível assumir ações ou estar sujeito a situações que são inerentemente arriscadas sem que os indivíduos envolvidos estejam conscientes do quanto estão se arriscando. Em outras palavras, eles estão inconscientes dos perigos que correm.

8. Risco e confiança se entrelaçam, a confiança normalmente servindo para reduzir ou minimizar os perigos aos quais estão su-

jeitos tipos específicos de atividade. Há certas circunstâncias nas quais os padrões de risco são institucionalizados, no interior de estruturas abrangentes de confiança (investimentos no mercado de ações, esportes fisicamente perigosos). Aqui a destreza e o acaso são fatores de limitação sobre o risco, mas normalmente o risco é conscientemente calculado. Em todos os cenários de risco, o risco aceitável fica sob o tópico "conhecimento indutivo fraco", e há virtualmente sempre um equilíbrio entre confiança e o cálculo do risco neste sentido. O que é visto como risco "aceitável" – a minimização do perigo – varia em diferentes contextos, mas é geralmente central na manutenção da confiança. Assim, viajar pelo ar pode parecer uma atividade inerentemente perigosa, dado que o aeroplano parece desafiar as leis da gravidade. As pessoas envolvidas com o funcionamento das linhas aéreas respondem a isto demonstrando estatisticamente o quão baixos são os riscos da viagem aérea, conforme medidos pelo número de mortes por mil passageiros.

9. O risco não é apenas uma questão de ação individual. Existem "ambientes de risco" que afetam coletivamente grandes massas de indivíduos – em certas instâncias, potencialmente todos sobre a face da Terra, como no caso de risco de desastre ecológico ou guerra nuclear. Pode-se definir "segurança" como uma situação na qual um conjunto específico de perigos está neutralizado ou minimizado. A experiência de segurança baseia-se geralmente num equilíbrio de confiança e risco aceitável. Tanto em seu sentido factual quanto em seu sentido experimental, a segurança pode se referir a grandes agregações ou coletividades de pessoas – até incluir a segurança global – ou de indivíduos.

10. As observações anteriores nada dizem sobre o que constitui o *oposto* da confiança – o qual *não* é, devo argumentar adiante, simplesmente a desconfiança. Tampouco estes pontos oferecem muito no que diz respeito às condições sob as quais a confiança é gerada ou dissolvida; devo discutir isto mais detalhadamente adiante.

A reflexividade da modernidade

Um contraste com a tradição é inerente à ideia de modernidade. Como já foi observado, muitas combinações do moderno e do tradicional podem ser encontradas nos cenários sociais concretos. Na verdade, alguns autores têm argumentado que ambos estão tão cerradamente entrelaçados que qualquer comparação generalizada não é válida. Mas certamente não é este o caso, como podemos ver ao examinar a relação entre modernidade e reflexividade.

Há um sentido fundamental no qual a reflexividade é uma característica definidora de toda ação humana. Todos os seres humanos rotineiramente "se mantêm em contato" com as bases do que fazem como parte integrante do fazer. Denominei isto em outro lugar de "monitoração reflexiva da ação", usando a expressão no sentido de chamar a atenção para o caráter crônico dos processos envolvidos.[31] A ação humana não incorpora cadeias de interações e motivos agregados, mas uma consistente – e, principalmente, como nos mostrou Erving Goffman, nunca passível de ser relaxada – monitoração do comportamento e seus contextos. Este não é o sentido de reflexividade que é especificamente ligado à modernidade, embora seja sua base necessária.

Nas culturas tradicionais, o passado é honrado e os símbolos valorizados porque contêm e perpetuam a experiência de gerações. A tradição é um modo de integrar a monitoração da ação com a organização tempo-espacial da comunidade. Ela é uma maneira de lidar com o tempo e o espaço, que insere qualquer atividade ou experiência particular dentro da continuidade do passado, presente e futuro, sendo estes por sua vez estruturados por práticas sociais recorrentes. A tradição não é inteiramente estática, porque ela tem que ser reinventada a cada nova geração conforme esta

---

31. Giddens, *New Rules*.

assume sua herança cultural dos precedentes. A tradição não só resiste à mudança como pertence a um contexto no qual há, separados, poucos marcadores temporais e espaciais em cujos termos a mudança pode ter alguma forma significativa.

Nas culturas orais, a tradição não é conhecida como tal, mesmo sendo estas culturas as mais tradicionais de todas. Para compreender a tradição, como distinta de outros modos de organizar a ação e a experiência, é preciso penetrar no espaço-tempo de maneiras que só são possíveis com a intervenção da escrita. A escrita expande o nível do distanciamento tempo-espaço e cria uma perspectiva de passado, presente e futuro onde a apropriação reflexiva do conhecimento pode ser destacada da tradição designada. Nas civilizações pré-modernas, contudo, a reflexividade está ainda em grande parte limitada à reinterpretação e esclarecimento da tradição, de modo que nas balanças do tempo o lado do "passado" está muito mais abaixo, pelo peso, do que o do "futuro". Além disso, na medida em que a capacidade de ler e escrever é monopólio de poucos, a rotinização da vida cotidiana permanece presa à tradição no antigo sentido.

Com o advento da modernidade, a reflexividade assume um caráter diferente. Ela é introduzida na própria base da reprodução do sistema, de forma que o pensamento e a ação estão constantemente refratados entre si. A rotinização da vida cotidiana não tem nenhuma conexão intrínseca com o passado, exceto na medida em que o que "foi feito antes" por acaso coincide com o que pode ser defendido de uma maneira proba à luz do conhecimento renovado. Não se sanciona uma prática por ela ser tradicional; a tradição pode ser justificada, mas apenas à luz do conhecimento, o qual, por sua vez, não é autenticado pela tradição. Combinado com a inércia do hábito, isto significa que, mesmo na mais modernizada das sociedades, a tradição continua a desempenhar um papel. Mas este papel é geralmente muito menos significativo do que supõem os autores que enfocam a atenção na integração da tradição com a modernidade no mundo contemporâneo. Pois a tradição justificada é tradição falsificada e recebe sua identidade apenas da reflexividade do moderno. A reflexividade da vida social moderna consiste no fato de que as práticas sociais são constantemente examinadas e reformadas à luz de informação renovada sobre estas próprias práticas, alterando assim constitutivamente seu caráter. Temos que elucidar a natureza deste fenômeno. Todas as formas de vida social são parcialmente constituídas pelo conhecimento que os atores têm delas. Saber "como ir adiante" no sentido de Wittgenstein é intrínseco às convenções que são tiradas da, e reproduzidas pela, atividade humana. Em todas as culturas, as práticas sociais são rotineiramente alteradas à luz de descobertas sucessivas que passam a informá-las. Mas somente na era da modernidade a revisão da convenção é radicalizada para se aplicar (em princípio) a todos os aspectos da vida humana, inclusive à intervenção tecnológica no mundo material. Diz-se com frequência que a modernidade é marcada por um apetite pelo novo, mas talvez isto não seja completamente preciso. O que é característico da modernidade não é uma adoção do novo por si só, mas a suposição da reflexividade indiscriminada – que, é claro, inclui a reflexão sobre a natureza da própria reflexão.

Provavelmente estamos, somente agora, no final do século XX, começando a nos dar conta de quão profundamente perturbadora é esta perspectiva. Pois quando as reivindicações da razão substituíram as da tradição, elas pareciam oferecer uma sensação de certeza maior do que a que era propiciada pelo dogma anterior. Mas esta ideia parece persuasiva apenas na medida em que não vemos que a reflexividade da modernidade de fato subverte a razão, pelo menos onde a razão é entendida como o ganho de conhecimento certo. A modernidade é constituída por e através de conhecimento reflexivamente aplicado, mas a equação entre conhecimento e certeza revelou-se erroneamente interpretada. Estamos em grande parte num mundo que é inteiramente constituído através de conhecimento reflexivamente aplicado, mas onde, ao mesmo tempo, não podemos nunca estar seguros de que qualquer elemento dado deste conhecimento não será revisado.

Mesmo os filósofos que mais ferrenhamente defendem as reivindicações da ciência à certeza, tais como Karl Popper, reconhecem que, como ele o exprime, "toda ciência repousa sobre areia movediça".[32] Em ciência, *nada* é certo, e nada pode ser provado, ainda que o empenho científico nos forneça a maior parte da informação digna de confiança sobre o mundo a que podemos aspirar. No coração do mundo da ciência sólida, a modernidade vagueia livre.

Nenhum conhecimento sob as condições da modernidade *é* conhecimento no sentido "antigo", em que "conhecer" é estar certo. Isto se aplica igualmente às ciências naturais e sociais. No caso das ciências sociais, entretanto, há considerações ulteriores envolvidas. Devemos recordar aqui as observações feitas anteriormente sobre os componentes reflexivos da sociologia.

Nas ciências sociais, temos que acrescentar ao caráter inconstante de todo conhecimento baseado empiricamente a "subversão" que vem da reentrada do discurso científico social nos contextos que ele analisa. A reflexão da qual as ciências sociais são a versão formalizada (um gênero específico de conhecimento perito) é fundamental à reflexividade da modernidade como um todo.

Devido à íntima relação entre o Iluminismo e a defesa das reivindicações da razão, a ciência natural tem sido geralmente tomada como o empenho preeminente distinguindo a perspectiva moderna do que havia antes. Mesmo aqueles que favorecem a

---

32. Karl Popper, *Conjectures and Refutations* (London: Routledge, 1962), p.34.

sociologia interpretativa ao invés da sociologia naturalista veem normalmente a ciência social como a prima pobre das ciências naturais, particularmente dado o peso do desenvolvimento tecnológico como resultado de descobertas científicas. Mas as ciências sociais estão na verdade mais profundamente implicadas na modernidade do que as ciências naturais, na medida em que a revisão crônica das práticas sociais à luz do conhecimento sobre estas práticas é parte do próprio tecido das instituições modernas.[33] Todas as ciências sociais participam desta relação reflexiva, embora a sociologia tenha um lugar especialmente central. Tome-se, por exemplo, o discurso da economia. Conceitos como "capital", "investimento", "mercados", "indústria", e muitos outros, em seu sentido moderno, foram elaborados como parte do desenvolvimento inicial da economia como uma disciplina específica no século XVIII e começo do século XIX. Estes conceitos, e as conclusões empíricas ligadas a eles, foram formulados no sentido de analisar mudanças envolvidas na emergência das instituições modernas. Mas eles não podiam permanecer, e realmente não permaneceram, separados das atividades e eventos aos quais se relacionavam. Tornaram-se parte integrante do que na "vida econômica moderna", na verdade, é dela inseparável. A atividade econômica moderna não seria como é se não fosse o fato de que todos os membros da população dominaram estes conceitos e uma variedade indefinida de outros.

O indivíduo leigo não pode necessariamente fornecer definições formais de termos como "capital" ou "investimento", mas todo mundo que, digamos, utiliza uma conta bancária, demonstra um domínio implícito e prático destas noções. Conceitos como estes, e as teorias e informação empírica a eles ligados, não são meramente dispositivos convenientes por meio dos quais os agentes estão de

---

33. Giddens, *Constitution of Society*, cap.7.

algum modo mais aptos a compreender seus comportamentos do que estariam de outra forma. Eles constituem ativamente o que o comportamento é e informam as razões pelas quais ele é empreendido. Não pode haver uma separação definida entre a literatura disponível aos economistas e a que é lida ou filtrada para setores interessados na população: homens de negócios, membros do governo e elementos do público. O ambiente econômico está constantemente sendo alterado à luz destes *inputs*, criando assim uma situação de contínuo envolvimento mútuo entre o discurso econômico e as atividades a que ele se refere.

A posição de pivô da sociologia na reflexividade da modernidade vem de seu papel como o mais generalizado tipo de reflexão sobre a vida social moderna. Consideremos um exemplo nos claros limites da sociologia naturalista. As estatísticas oficiais publicadas pelos governos com respeito, por exemplo, à população, casamento e divórcio, crime e delinquência etc., parecem fornecer um meio de estudar a vida social com precisão. Para os pioneiros da sociologia naturalista, como para Durkheim, estas estatísticas representavam dados sólidos, em cujos termos os aspectos relevantes das sociedades modernas podem ser analisados com mais precisão do que onde não se dispõe de tais números. E no entanto as estatísticas oficiais não são apenas características analíticas da atividade social, mas entram de novo constitutivamente no universo social do qual foram tiradas. Desde seu início, o cotejo das estatísticas oficiais é constitutivo do poder do Estado e também de muitos outros modos de organização social. O controle administrativo coordenado obtido pelos governos modernos é inseparável da monitoração rotineira dos "dados oficiais" na qual se empenham todos os Estados contemporâneos.

A acumulação de estatísticas oficiais é em si um esforço reflexivo, permeado pelas próprias descobertas das ciências sociais que as utilizam. O trabalho prático dos legistas, por exemplo, é a base para a coleta de estatísticas de suicídio. Na interpretação das causas/motivos da morte, entretanto, os legistas são orientados por conceitos e teorias que se propõem a elucidar a natureza do suicídio. Não seria de todo inusual encontrar um legista que tivesse lido Durkheim.

Tampouco fica a reflexividade das estatísticas oficiais confinada à esfera do Estado. Qualquer pessoa num país ocidental que decide se casar hoje em dia, por exemplo, sabe que a taxa de divórcios é alta (e pode também, embora de maneira imperfeita ou parcial, conhecer um pouco mais sobre demografia do casamento e da família). O conhecimento da alta taxa de divórcios pode afetar a própria decisão de se casar, bem como decisões sobre considerações relacionadas – o regime das propriedades etc. A consciência dos níveis de divórcio, além disso, é normalmente muito mais do que simplesmente a consciência de um fato bruto. Ele é teorizado pelo agente leigo de maneiras impregnadas pelo pensamento sociológico. Desta forma, virtualmente todos que consideram o casamento têm alguma ideia de como as instituições familiares vêm mudando, mudanças na posição social relativa e no poder do homem e da mulher, alterações nos costumes sexuais etc. – tudo isto entrando nos processos de mudança ulterior que reflexivamente informa. O casamento e a família não seriam o que são hoje se não fossem inteiramente "sociologizados" e "psicologizados".

O discurso da sociologia e os conceitos, teorias e descobertas das outras ciências sociais continuamente "circulam dentro e fora" daquilo de que tratam. Assim fazendo, eles reestruturam reflexivamente seu objeto, ele próprio tendo aprendido a pensar sociologicamente. *A modernidade é ela mesma profunda e intrinsecamente sociológica.* Muito do que é problemático na posição do sociológico profissional, como o fornecedor de conhecimento perito sobre a vida social, deriva do fato de que ele ou ela está, na maior parte, um passo adiante dos leigos esclarecidos praticantes da disciplina.

Daí ser falsa a tese de que mais conhecimento sobre a vida social (mesmo que tal conhecimento esteja o mais empiricamente escorado) é igual ao maior controle sobre nosso destino. Ela é (discutivelmente) verdadeira no que tange ao mundo físico mas não ao universo dos eventos sociais. A expansão de nosso entendimento do mundo social poderia produzir uma abrangência progressivamente mais elucidativa das instituições humanas e, daí, crescente controle "tecnológico" sobre elas, se a vida social fosse inteiramente separada do conhecimento humano ou se esse conhecimento pudesse ser filtrado continuamente nas razões para a ação social, produzindo passo a passo aumentos na "racionalidade" do comportamento em relação a necessidades específicas.

Ambas as condições de fato se aplicam a muitas circunstâncias e contextos da atividade social. Mas ambas são carentes daquele impacto totalizador que a herança do pensamento iluminista estabelece como uma meta. Isto ocorre devido à influência de quatro conjuntos de fatores.

Um deles – fatualmente muito importante mas logicamente o menos interessante, ou de qualquer forma o menos difícil de manipular analiticamente – é o poder diferencial. A apropriação do conhecimento não ocorre de uma maneira homogênea, mas é com frequência diferencialmente disponível para aqueles em posição de poder, que são capazes de colocá-lo a serviço de interesses seccionais.

Uma segunda influência diz respeito ao papel dos valores. As mudanças nas ordens de valores não são independentes das inovações na orientação cognitiva criadas por perspectivas cambiantes sobre o mundo social. Se o conhecimento novo pudesse ser empregado sobre uma base racional transcendental de valores, esta situação não se aplicaria. Mas não existe tal base racional de valores, e as mudanças na perspectiva derivadas de *inputs* de conhecimento têm uma relação móvel com as mudanças nas orientações de valores.

O terceiro fator é o impacto das consequências inesperadas. Nenhuma quantidade de conhecimento acumulado sobre a vida social poderia abranger todas as circunstâncias de sua implementação, mesmo que tal conhecimento fosse inteiramente distinto do ambiente ao qual ele é aplicado. Se nosso conhecimento do mundo social simplesmente melhorasse cada vez mais, o escopo das consequências inesperadas poderia tornar-se cada vez mais confinado e as consequências indesejáveis cada vez mais raras. A reflexividade da vida social moderna, no entanto, impede esta possibilidade e é ela mesma a quarta influência envolvida. Embora menos discutida em relação aos limites da razão iluminista, ela é certamente tão significativa quanto qualquer uma das outras. Não é uma questão de não existir um mundo social estável a ser conhecido, mas de que o conhecimento deste mundo contribui para seu caráter instável ou mutável.

A reflexividade da modernidade, que está diretamente envolvida com a contínua geração de autoconhecimento sistemático, não estabiliza a relação entre conhecimento perito e conhecimento aplicado em ações leigas. O conhecimento reivindicado por observadores peritos (em parte e de maneiras muito variadas) reúne-se a seu objeto, deste modo (em princípio, mas também normalmente na prática) alterando-o. Não há paralelo a este processo nas ciências naturais; não é nada semelhante ao que ocorre quando, no campo da microfísica, a intervenção de um observador muda o que está sendo estudado.

Modernidade ou pós-modernidade?

Neste ponto podemos vincular a discussão da reflexividade aos debates sobre a pós-modernidade. "Pós-modernidade" é usado frequentemente como se fosse sinônimo de pós-modernismo, sociedade pós-industrial etc. Embora a ideia de sociedade pós-industrial, como desenvolvida por Daniel Bell, pelo menos,[34] seja bem explicada, os outros dois conceitos mencionados acima certamente não o são. Devo aqui traçar uma distinção entre eles. Pós-modernismo, se é que significa alguma coisa, é mais apropriado para se referir a estilos ou movimentos no interior da literatura, artes plásticas e arquitetura. Diz respeito a aspectos da *reflexão estética* sobre a natureza da modernidade. Embora às vezes apenas um tanto vagamente designado, o modernismo é ou foi uma perspectiva distinguível nestas várias áreas e pode-se dizer que tem sido deslocado por outras correntes de uma variedade pós-moderna. (Uma obra separada poderia ser escrita sobre esta questão, que não devo analisar aqui.)

A pós-modernidade se refere a algo diferente, ao menos como eu defino a noção. Se estamos nos encaminhando para um fase de pós-modernidade, isto significa que a trajetória do desenvolvimento social está nos tirando das instituições da modernidade rumo a um novo e diferente tipo de ordem social. O pós-modernismo, se ele existe de forma válida, pode exprimir uma consciência de tal transição mas não mostra que ela existe.

Ao que se refere comumente a pós-modernidade? Afora o sentido geral de se estar vivendo um período de nítida disparidade do passado, o termo com frequência tem um ou mais dos seguintes significados: descobrimos que nada pode ser conhecido com alguma certeza, desde que todos os "fundamentos" preexistentes da epistemologia se revelaram sem credibilidade; que a "história" é destituída de teleologia e consequentemente nenhuma versão de "progresso" pode ser plausivelmente defendida; e que uma nova agenda social e política surgiu com a crescente proeminência de preocupações ecológicas e talvez de novos movimentos sociais em

---

34. Daniel Bell, *The Coming of Post-Industrial Society* (London: Heinemann, 1974).

geral. Dificilmente alguém hoje em dia parece identificar a pós-modernidade com o que ela tão amplamente já chegou a significar – a substituição do capitalismo pelo socialismo. O deslocamento desta transição para longe do centro do palco, na verdade, é um dos principais fatores que estimularam as discussões correntes sobre a possível dissolução da modernidade, dada a concepção totalizante da história de Marx.

Descartemos de início como digna de sérias considerações intelectuais a ideia de que não é possível nenhum conhecimento sistemático das ações ou inclinações humanas ou do desenvolvimento social. Qualquer um que mantenha uma tal concepção, para começar, dificilmente poderia escrever um livro sobre ela. A única possibilidade seria repudiar inteiramente a atividade intelectual – mesmo a "alegre desconstrução" – em favor de, digamos, exercício físico saudável. Seja o que for que implique a ausência da aceitação de fundamentos na epistemologia, não é isto. Para um ponto de partida mais plausível, podemos nos voltar para o "niilismo" de Nietzsche e Heidegger. Malgrado as diferenças entre os dois filósofos, há uma concepção sobre a qual eles convergem. Ambos vinculam à modernidade a ideia de que a "história" pode ser identificada como uma apropriação progressiva dos fundamentos racionais do conhecimento. Segundo eles, isto está expresso na noção de "superação": a formação de novos entendimentos serve para identificar o que tem valor do que não tem, no estoque acumulativo de conhecimento.[35] Ambos acham necessário distanciar-se das reivindicações tradicionais do Iluminismo, embora não possam criticá-las a partir de uma posição vantajosa de reivindicações superiores ou melhor fundamentadas. Eles abandonam, portanto, a noção de "superação crítica", tão central à crítica iluminista do dogma.

---

35. Cf. Gianni Vattimo, *The End of Modernity* (Cambridge, Eng.: Polity, 1988).

Qualquer um que veja nisto uma transição básica da modernidade para a pós-modernidade, contudo, enfrenta grandes dificuldades. Uma das principais objeções é óbvia e bem conhecida. Falar da pós-modernidade como suplantando a modernidade parece invocar aquilo mesmo que é (agora) declarado impossível: dar alguma coerência à história e situar nosso lugar nela. Além disso, se Nietzsche foi o principal autor a desvincular a pós-modernidade da modernidade, um fenômeno que se supõe estar ocorrendo atualmente, como é possível que ele tenha visto isto há quase um século atrás? Por que teria sido Nietzsche capaz de uma tal ruptura sem ter, como ele mesmo disse, feito nada mais que revelar os pressupostos ocultos do próprio Iluminismo?

É difícil resistir à conclusão de que a ruptura com a aceitação de fundamentos é uma linha divisória significativa no pensamento filosófico, tendo suas origens entre os meados e o fim do século XIX. Mas certamente faz sentido ver isto como "a modernidade vindo a entender-se a si mesma" ao invés da superação da modernidade enquanto tal.[36] Isto pode ser interpretado em termos do que rotulo como perspectivas *providenciais*. O pensamento iluminista, e a cultura ocidental em geral, emergiram de um contexto religioso que enfatizava a teologia e a obtenção da graça de Deus. A divina providência foi por muito tempo uma ideia diretiva do pensamento cristão. Sem estas orientações precedentes, o Iluminismo, em primeiro lugar, dificilmente teria sido possível. Não é de forma alguma surpreendente que a defesa da razão desagrilhoada apenas remodele as ideias do providencial, ao invés de removê-las. Um tipo de certeza (lei divina) foi substituído por outro (a certe-

---

36. Existem muitas discussões na literatura sobre o pós-modernismo como uma simples extensão da modernidade. Para uma versão anterior ver Frank Kermode, "Modernisms", em seu *Continuities* (London: Routledge, 1968). Para discussões mais recentes ver as contribuições a Hal Foster, ed., *Post-modern Culture* (London: Pluto, 1983).

za de nossos sentidos, da observação empírica), e a providência divina foi substituída pelo progresso providencial. Além disso, a ideia providencial da razão coincidiu com a ascensão do domínio europeu sobre o resto do mundo. O crescimento do poder europeu forneceu o suporte material para a suposição de que a nova perspectiva sobre o mundo era fundamentada sobre uma base sólida que tanto proporcionava segurança como oferecia emancipação do dogma da tradição.

No entanto as sementes do niilismo estavam no pensamento iluminista desde o início. Se a esfera da razão está inteiramente desagrilhoada, nenhum conhecimento pode se basear sobre um fundamento inquestionado, porque mesmo as noções mais firmemente apoiadas só podem ser vistas como válidas "em princípio" ou "até ulterior consideração". De outro modo elas reincidiriam no dogma e se separariam da própria esfera da razão que determina qual validez está em primeiro lugar. Embora a maioria visse a evidência de nossos sentidos como a informação mais segura que podemos obter, mesmo os primeiros pensadores iluministas estavam bem cônscios de que tal "evidência" é sempre suspeita em princípio. Os dados dos sentidos nunca poderiam fornecer uma base inteiramente segura para as reivindicações do conhecimento. Hoje, dada a maior consciência de que a observação sensorial é permeada por categorias teóricas, o pensamento filosófico em suas correntes principais afastou-se decididamente do empirismo. Além disso, desde Nietzsche, estamos mais claramente cônscios da circularidade da razão, bem como das relações problemáticas entre conhecimento e poder.

Ao invés destes desenvolvimentos nos levarem para "além da modernidade", eles nos proporcionam uma compreensão mais plena da reflexividade inerente à própria modernidade. A modernidade não é perturbadora apenas devido à circularidade da razão, mas porque a natureza desta circularidade é decisivamente intrigante. Como podemos justificar um compromisso com a razão em nome da razão? Paradoxalmente, foram os positivistas lógicos que tropeçaram mais diretamente nesta questão, como resultado da própria extensão na qual eles procuraram remover todos os resíduos de tradição e dogma do pensamento racional. A modernidade revela-se enigmática em seu cerne e parece não haver maneira deste enigma poder ser "superado". Fomos deixados com perguntas que uma vez pareceram ser respostas, e devo argumentar ulteriormente que não são apenas os filósofos que se dão conta disto. Uma consciência geral deste fenômeno se filtra em ansiedades cuja pressão todos sentem.

O pós-modernismo tem sido associado não apenas com o fim da aceitação de fundamentos mas com o "fim da história". Como já me referi a isto antes, não é necessário aqui discutir esta noção detalhadamente. A "história" não tem forma intrínseca nem teleologia total. Uma pluralidade de histórias pode ser escrita, e estas não podem ser ancoradas por referência a um ponto arquimediano (tal como a ideia de que a história tem uma direção evolucionária). A história não deve ser equacionada à "historicidade", pois esta última está claramente ligada às instituições da modernidade. O materialismo histórico de Marx identifica equivocadamente uma a outra e assim não apenas atribui uma falsa unidade ao desenvolvimento histórico como também falha em discernir adequadamente as qualidades específicas da modernidade. O ponto aqui em questão foi bem coberto no celebrado debate entre Lévi-Strauss e Sartre.[37] O "uso da história para fazer história" é substancialmente um fenômeno da modernidade e não um princípio generalizado que pode ser aplicado a todas as épocas – é uma versão da reflexividade da modernidade. Mesmo a história

---

37. Ver Claude Lévi-Strauss, *The Savage Mind* (Chicago: University of Chicago Press, 1966).

como datação, o mapeamento das sequências entre datas, é uma maneira específica de codificar a temporalidade. Devemos ser cuidadosos com o modo de entender a historicidade. Ela pode ser definida como o uso do passado para ajudar a moldar o presente, mas não depende de um respeito pelo passado. Pelo contrário, historicidade significa o conhecimento sobre o passado como um meio de romper com ele – ou, ao menos, manter apenas o que pode ser justificado de uma maneira proba.[38] A historicidade, na verdade, nos orienta primeiramente para o futuro. O futuro é visto como essencialmente aberto, embora como contrafatualmente condicional sobre linhas de ação assumidas com possibilidades futuras em mente. Este é um aspecto fundamental do "alongamento" tempo-espaço que as condições da modernidade tornam possível e necessário. A "futurologia" – o mapeamento de futuros possíveis/desejáveis/disponíveis – se torna mais importante que mapear o passado. Cada um dos tipos de mecanismo de desencaixe mencionados acima pressupõe uma orientação futura deste tipo.

A ruptura com as concepções providenciais da história, a dissolução da aceitação de fundamentos, junto com a emergência do pensamento contrafatual orientado para o futuro e o "esvaziamento" do progresso pela mudança contínua, são tão diferentes das perspectivas centrais do Iluminismo que chegam a justificar a concepção de que ocorreram transições de longo alcance. Referir-se a estas, no entanto, como pós-modernidade, é um equívoco que impede uma compreensão mais precisa de sua natureza e implicações. As disjunções que tomaram lugar devem, ao contrário, ser vistas como resultantes da autoelucidação do pensamento moderno, conforme os remanescentes da tradição e das perspectivas

---

38. Cf. Hans Blumenberg, *Wirklichkeiten in denen wir leben* (Stuttgart: Reclam, 1981).

providenciais são descartados. Nós não nos deslocamos para além da modernidade, porém estamos vivendo precisamente através de uma fase de sua radicalização.

O declínio gradual da hegemonia global europeia ou ocidental, o outro lado da crescente expansão das instituições modernas em escala mundial, é simplesmente uma das principais influências aqui envolvidas. O enfatizado "declínio do Ocidente", é claro, tem sido uma preocupação entre alguns autores desde a última parte do século XIX. Como empregada em tal contexto, a expressão se refere geralmente a uma concepção cíclica da mudança histórica, na qual a civilização moderna é simplesmente vista como uma civilização regionalmente localizada entre outras que a precederam em outras áreas do mundo. As civilizações têm seus períodos de juventude, maturidade e velhice, e conforme elas são substituídas por outras, a distribuição regional de poderes globais se altera. Mas a modernidade *não* é apenas uma civilização entre outras, segundo a interpretação descontinuísta que sugeri acima. O controle declinante do Ocidente sobre o resto do mundo não é o resultado de uma diminuição do impacto das instituições que ali emergiram primeiramente, mas, pelo contrário, o resultado de sua disseminação global. O poder econômico, político e militar que deu ao Ocidente sua primazia, e que foi fundado sobre a conjunção das quatro dimensões institucionais da modernidade que discutirei adiante, não diferencia mais tão distintamente os países ocidentais dos outros em outras partes. Podemos interpretar este processo como um processo de *globalização*, um termo que deve ter uma posição-chave no léxico das ciências sociais.

E os outros conjuntos de mudanças frequentemente ligados, num sentido ou outro, à pós-modernidade: a ascensão de novos movimentos sociais e a criação de novas agendas políticas? Eles são de fato importantes, como tentarei mostrar posteriormente.

Temos, contudo, de escolher nosso caminho circunspectamente através das várias teorias ou interpretações que têm avançado com base neles. Devo analisar a pós-modernidade como uma série de transições imanentes afastadas – ou "além" – dos diversos feixes institucionais da modernidade que serão distinguidos ulteriormente. Não vivemos ainda num universo social pós-moderno, mas podemos ver mais do que uns poucos relances da emergência de modos de vida e formas de organização social que divergem daquelas criadas pelas instituições modernas.

Nos termos desta análise, pode facilmente ser visto por que a radicalização da modernidade é tão perturbadora, e tão significativa. Seus traços mais conspícuos – a *dissolução do evolucionismo*, o *desaparecimento da teleologia histórica*, o reconhecimento da *reflexividade meticulosa, constitutiva*, junto com a *evaporação da posição privilegiada do Ocidente* – nos levam a um novo e inquietante universo de experiência. Se o "nós" aqui ainda se refere primariamente àqueles que vivem no próprio Ocidente – ou, mais precisamente, nos setores industrializados do mundo – é algo cujas implicações são sentidas em toda parte.

Sumário

Estamos agora em posição de sumariar a discussão até aqui. Foram distinguidas três fontes dominantes do dinamismo da modernidade, cada uma vinculada às outras:

A separação entre tempo e espaço. Esta é a condição do distanciamento tempo-espaço de escopo indefinido; ela propicia meios de zoneamento preciso temporal e espacial.

O desenvolvimento de mecanismos de desencaixe. Este retira a atividade social dos contextos localizados, reorganizando as relações sociais através de grandes distâncias tempo-espaciais.

A apropriação reflexiva do conhecimento. A produção de conhecimento sistemático sobre a vida social torna-se integrante da reprodução do sistema, deslocando a vida social da fixidez da tradição. Tomadas em conjunto, estas três características das instituições modernas ajudam a explicar por que viver no mundo moderno é mais semelhante a estar a bordo de um carro de Jagrená em disparada (uma imagem que devo desenvolver adiante com mais detalhe) do que estar num automóvel a motor cuidadosamente controlado e bem dirigido. A apropriação reflexiva do conhecimento, que é intrinsecamente energizante mas também necessariamente instável, se amplia para incorporar grandes extensões de tempo-espaço. Os mecanismos de desencaixe fornecem os meios desta extensão retirando as relações sociais de sua "situacionalidade" em locais específicos.

Os mecanismos de desencaixe podem ser representados como se segue:

Fichas simbólicas e *sistemas peritos* envolvem *confiança*, enquanto distinta de crença baseada em conhecimento indutivo fraco.

A *confiança* opera em ambientes de risco, nos quais podem ser obtidos níveis variáveis de segurança (proteção contra perigos).

A relação entre confiança e desencaixe permanece abstrata aqui. Temos que investigar posteriormente como confiança, risco, segurança e perigo se articulam em condições de modernidade. Temos também que considerar circunstâncias nas quais a confiança falta e como situações de ausência de confiança podem ser melhor compreendidas.

O conhecimento (que deve geralmente ser compreendido como "reivindicações de conhecimento") reflexivamente aplicado à atividade social é filtrado por quatro conjuntos de fatores:

Poder diferencial. Alguns indivíduos ou grupos estão mais prontamente aptos a se apropriar de conhecimento especializado do que outros.

O *papel dos valores*. Os valores e o conhecimento empírico se vinculam através de uma rede de influências mútuas. O *impacto das consequências não pretendidas*. O conhecimento sobre a vida social transcende as intenções daqueles que o aplicam para fins transformativos. *A circulação do conhecimento social na hermenêutica dupla*. O conhecimento reflexivamente aplicado às condições de reprodução do sistema altera intrinsecamente as circunstâncias às quais ele originariamente se referia.

Devemos subsequentemente acompanhar as implicações destas características da reflexividade para os ambientes de confiança e risco encontrados no mundo social contemporâneo.

II
As dimensões institucionais da modernidade

Mencionei anteriormente a tendência de a maior parte das teorias ou perspectivas sociológicas de procurar um só nexo institucional dominante nas sociedades modernas: as instituições modernas são capitalistas, ou elas são industriais? Este prolongado debate não é de modo algum desprovido de significado hoje. Não obstante, ele é baseado em parte sobre premissas equívocas, desde que em cada um dos dois casos há um certo reducionismo envolvido – ou o industrialismo é visto como um subtipo de capitalismo ou vice-versa. Em contraste a tal reducionismo, devemos ver capitalismo e industrialismo como "feixes organizacionais" ou dimensões diferentes envolvidos nas instituições da modernidade. Devo defini-los como se segue.

O *capitalismo* é um sistema de produção de mercadorias, centrado sobre a relação entre a propriedade privada do capital e o trabalho assalariado sem posse de propriedade, esta relação formando o eixo principal de um sistema de classes. O empreendimento capitalista depende da produção para mercados competitivos, os preços sendo sinais para investidores, produtores e consumidores.

A característica principal do *industrialismo* é o uso de fontes inanimadas de energia material na produção de bens, combinado ao papel central da maquinaria no processo de produção. Uma "máquina" pode ser definida como um artefato que realiza tarefas empregando tais fontes de energia como os meios de suas operações. O industrialismo pressupõe a organização social regularizada da produção no sentido de coordenar a atividade humana, as máquinas e as aplicações e produções de matéria-prima e bens. O industrialismo não deve ser compreendido num sentido muito estreito – como sua origem na "Revolução Industrial" nos tenta fazer crer. A expressão evoca imagens do carvão e da energia a vapor de uma grande maquinaria pesada chacoalhando em oficinas e fábricas encardidas. Não menos do que a tais situações, a noção de industrialismo se aplica a cenários de alta tecnologia em que a eletricidade é a única fonte de energia, e onde microcircuitos eletrônicos são os únicos dispositivos mecanizados. O industrialismo, ademais, afeta não apenas o local de trabalho, mas os transportes, as comunicações e a vida doméstica.

Podemos reconhecer as *sociedades capitalistas* como um subtipo específico das sociedades modernas em geral. Uma sociedade capitalista é um sistema que conta com diversas características institucionais específicas. Em primeiro lugar, sua ordem econômica envolve as características acima observadas. A natureza fortemente competitiva e expansionista do empreendimento capitalista implica que a inovação tecnológica tende a ser constante e difusa. Em segundo lugar, a economia é razoavelmente distinta, ou "insulada" das outras arenas sociais, em particular das instituições políticas. Dadas as altas taxas de inovação na esfera econômica, os relacionamentos econômicos têm considerável influência sobre outras instituições. Em terceiro lugar, a insulação do Estado e da economia (que pode assumir muitas formas diversas) se fundamenta sobre a preeminência da propriedade privada dos meios de produção. (Propriedade privada aqui não se refere necessariamente a empreendimento individual, mas à posse privada difundida de investimentos.) A posse de capital está diretamente ligada ao fenômeno da "despossessão de propriedade" – a transformação do trabalho assalariado em mercadoria – no sistema de classes. Em quarto lugar, a autonomia do Estado é condicionada, embora não determinada num sentido forte, pela sua dependência da acumulação do capital, sobre a qual seu controle está longe de ser completo.

Mas por que é a sociedade capitalista propriamente uma sociedade? Esta questão é deixada sem resposta se simplesmente caracterizamos a ordem social capitalista em termos de seus principais alinhamentos institucionais. Pois, dadas suas características expansionistas, a vida econômica capitalista está somente em alguns aspectos confinada nos limites dos sistemas sociais específicos. Desde suas origens o capitalismo é internacional em escopo. Uma sociedade capitalista é uma "sociedade" somente porque é um Estado-nação. As características do Estado-nação devem ser em grande parte explicadas e analisadas separadamente da discussão da natureza do capitalismo ou do industrialismo. O sistema administrativo do Estado capitalista, e dos Estados modernos em geral, tem que ser interpretado em termos do controle coordenado que ele consegue sobre arenas territoriais delimitadas. Como foi mencionado antes, nenhum dos Estados pré-modernos foi capaz de se aproximar do nível de coordenação administrativa desenvolvido no Estado-nação.

Tal concentração administrativa depende, por sua vez, do desenvolvimento de condições de vigilância bem além daquelas características das civilizações tradicionais, e o aparato de vigilância constitui uma terceira dimensão institucional associada, como o capitalismo e o industrialismo, à ascensão da modernidade. A vigilância se refere à supervisão das atividades da população súdita na esfera política – embora sua importância como uma base do poder administrativo não se confine a esta esfera. A supervisão pode ser direta (como em muitas das instâncias discutidas por Foucault, tais como prisões, escolas e locais de trabalho abertos)[1]

---

1. Michel Foucault, *Discipline and Punish* (London: Allen Lane, 1977).

mas, mais caracteristicamente, ela é indireta e baseada no controle da informação.

Há uma quarta dimensão institucional a ser distinguida: o *controle dos meios de violência*. O poder militar foi sempre um traço central das civilizações pré-modernas. Naquelas civilizações, contudo, o centro político nunca foi capaz de assegurar apoio militar estável e tipicamente não conseguiu garantir um controle monopolizado dos meios de violência dentro de seus territórios. A força militar das autoridades governantes dependia de alianças com príncipes ou senhores da guerra locais, que tendiam sempre ou ao rompimento com ou ao desafio direto aos grupos governantes.

O monopólio bem-sucedido dos meios de violência dentro de fronteiras territoriais precisas é específico do Estado moderno. Como o é igualmente a existência de vínculos específicos com o industrialismo, permeando as organizações militares e os armamentos à sua disposição. A "industrialização da guerra" muda radicalmente o caráter desta, introduzindo uma era de "guerra total" e mais tarde a era nuclear.

Clausewitz foi o intérprete clássico da relação entre a guerra e o Estado-nação no século XIX, mas na verdade suas concepções já estavam substancialmente obsoletas quando ele as desenvolveu. A guerra, para Clausewitz, era diplomacia por outros meios: era o que se emprega quando negociações comuns ou outros modos de persuasão ou coerção falham nas relações entre Estados.[2] A guerra total descarta o uso da guerra como instrumento político, pois as perdas infligidas em ambos os lados tendem a ultrapassar amplamente quaisquer ganhos diplomáticos que possam ser obtidos através dela. A possibilidade de guerra nuclear torna isto óbvio.

As quatro dimensões institucionais básicas da modernidade e suas inter-relações podem ser estabelecidas como na Figura 1.

---

2. Karl Von Clausewitz. *On War* (London: Kegan Paul, 1908).

Começando da esquerda do círculo, o capitalismo envolve a insulação do econômico em relação ao político contra a tela de fundo do trabalho e mercados de produtos competitivos. A vigilância, por sua vez, é fundamental a todos os tipos de organização associados à ascensão da modernidade, em particular o Estado-nação, que se entrelaça historicamente com o capitalismo em seu desenvolvimento mútuo. Da mesma forma, há vínculos substantivos íntimos entre as operações de vigilância dos Estados-nação e a natureza alterada do poder militar no período moderno.

Figura 1. As dimensões institucionais da modernidade.

O monopólio bem-sucedido dos meios de violência por parte dos Estados modernos repousa sobre a manutenção secular de novos códigos de lei criminal, mais o controle supervisório de "desvios". O exército se torna uma retaguarda relativamente remota da hegemonia interna das autoridades civis, e as forças armadas em sua maior parte "apontam para fora" em direção aos outros Estados. Avançando em torno do círculo, há relações diretas entre poder militar e industrialismo, uma expressão importante disto é a industrialização da guerra. Da mesma forma, conexões nítidas podem ser estabelecidas entre industrialismo e capitalismo – conexões que são razoavelmente familiares e bem documentadas, a despeito da disputa de prioridade sobre suas interpretações observada acima. O industrialismo se torna o eixo principal da interação dos seres humanos com a natureza em condições de modernidade. Na maior parte das culturas pré-modernas, mesmo nas grandes civilizações, os seres humanos se viam em continuidade com a natureza. Suas vidas estavam atadas aos movimentos e disposições da natureza – a disponibilidade das fontes naturais de sustento, a prosperidade das plantações e dos animais de pasto, e o impacto dos desastres naturais. A indústria moderna, modelada pela aliança da ciência com a tecnologia, transforma o mundo da natureza de maneiras inimagináveis às gerações anteriores. Nos setores industrializados do globo – e, crescentemente, por toda parte – os seres humanos vivem num *ambiente criado*, um ambiente de ação que, é claro, é físico, mas não mais apenas natural. Não somente o ambiente construído das áreas urbanas mas a maioria das outras paisagens também se torna sujeita à coordenação e controle humanos.

As linhas retas na figura indicam conexões subsequentes que podem ser analisadas. A vigilância, por exemplo, tem estado intimamente envolvida com o desenvolvimento do industrialismo, consolidando o poder administrativo no interior de fábricas, usinas e oficinas. Ao invés de prosseguir em tais considerações, contudo, vamos observar com brevidade – com bastante brevidade, dada a grande dimensão do tema envolvido – como os diversos feixes institucionais foram vinculados entre si no desenvolvimento das instituições modernas.

O empreendimento capitalista, podemos concordar com Marx, desempenhou um papel importante no afastamento da vida social moderna das instituições do mundo tradicional. O capitalismo é em alta conta inerentemente dinâmico por causa das conexões estabelecidas entre o empreendimento econômico competitivo e os processos generalizados de transformação em mercadoria. Por razões diagnosticadas por Marx, a economia capitalista, tanto interna quanto externamente (dentro e fora do alcance do Estado-nação), é intrinsecamente instável e inquieta. Toda reprodução econômica no capitalismo é "reprodução expandida", porque a ordem econômica não pode permanecer num equilíbrio mais ou menos estático, como era o caso na maioria dos sistemas tradicionais. A emergência do capitalismo, como diz Marx, procedeu o desenvolvimento do industrialismo e na verdade forneceu muito do ímpeto para sua emergência. A produção industrial e a constante revolução na tecnologia a ela associada contribuem para processos de produção mais eficientes e baratos. A transformação em mercadoria da força de trabalho foi um ponto de ligação particularmente importante entre o capitalismo e o industrialismo, porque o "trabalho abstrato" pode ser diretamente programado no projeto tecnológico de produção.

O desenvolvimento da força de trabalho abstrato também constitui um ponto de conexão importante entre capitalismo, industrialismo e a natureza cambiante do controle dos meios de violência. Os escritos de Marx são novamente úteis para a análise disto, embora ele não os tenha desenvolvido explicitamente na direção necessária.[3] Nos Estados pré-modernos, os sistemas de classe raramente eram econômicos por inteiro: as relações explorativas de classe eram em parte mantidas pela força ou pela ameaça de seu uso. A classe dominante era capaz de dispor de

---

3. Giddens. *Contemporary Critique*. cap.7.

tal força através de acesso direto aos meios de violência – ela era frequentemente uma classe de guerreiros. Com a emergência do capitalismo, a natureza da dominação de classe tornou-se substancialmente diferente. O contrato de trabalho capitalista, um ponto focal do recém-emergente sistema de classes, envolvia a contratação de trabalho abstrato, ao invés da servidão da "pessoa inteira" (escravidão), uma proporção da semana de trabalho (trabalho *corvée*), ou do produto (dízimos ou taxações em espécie). O contrato de trabalho capitalista não repousa sobre a posse direta dos meios de violência, e o trabalho assalariado é nominalmente livre. As relações de classe tornaram-se assim diretamente incorporadas no interior da estrutura da produção capitalista, ao invés de serem abertas e sancionadas pela violência. Este processo ocorreu em conjunção histórica com a monopolização do controle dos meios de violência nas mãos do Estado. A violência, tal como era, foi "expelida" do contrato de trabalho e concentrada nas mãos das autoridades do Estado.

Se o capitalismo foi um dos grandes elementos institucionais a promover a aceleração e expansão das instituições modernas, o outro foi o Estado-nação. Os Estados-nação, e o sistema de Estados-nação, não podem ser explicados em termos da ascensão do empreendimento capitalista, por mais convergentes que tenham sido por vezes os interesses dos Estados e a prosperidade capitalista. O sistema de Estados-nação foi forjado por miríades de eventos contingentes a partir da ordem vagamente difusa dos reinos e principados pós-feudais cuja existência distinguia a Europa dos impérios agrários centralizados. A disseminação das instituições modernas através do mundo foi originariamente um fenômeno ocidental e foi afetada por todas as quatro dimensões institucionais acima mencionadas. Os Estados-nação concentravam poder administrativo bem mais efetivamente do que os Estados tradicionais eram capazes de fazer, e consequentemente, mesmo Estados bem pequenos podiam mobilizar recursos sociais e econômicos além daqueles disponíveis para os Estados pré-modernos. A produção capitalista, especialmente quando conjuminada à industrialização, propiciou um considerável salto à frente em riqueza econômica e também em poder militar. A combinação de todos estes fatores tornou a expansão ocidental aparentemente irresistível.

Por trás destes enfeixamentos institucionais jazem as três fontes do dinamismo da modernidade que distinguimos antes: distanciamento tempo-espaço, desencaixe e reflexividade. Elas não são, enquanto tais, tipos de instituição, mas antes condições que facilitam as transições históricas referidas nos parágrafos acima. Sem elas, a separação da modernidade das ordens tradicionais poderia não ter se dado de uma maneira tão radical, tão rapidamente, ou através de tal cenário internacional. Elas estão envolvidas, bem como são condicionadas, nas e pelas dimensões institucionais da modernidade.

A globalização da modernidade

A modernidade é inerentemente globalizante – isto é evidente em algumas das mais básicas características das instituições modernas, incluindo em particular sua ação de desencaixe e reflexividade. Mas o que é exatamente a globalização e como pode ser melhor conceituado o fenômeno? Devo aqui considerar estas questões de forma algo extensa, pois a importância central dos processos de globalização hoje, dificilmente tem sido correspondida por discussões abrangentes do conceito na literatura sociológica. Podemos começar recapitulando certas colocações feitas antes. A importância indevida que os sociólogos têm conferido à ideia de "sociedade", no que ela significa um sistema limitado, deveria ser substituída por um ponto de partida que se concentra em analisar como a vida social é ordenada através do tempo e do espaço – na problemática do distanciamento tempo-espaço. A estrutura conceitual do distanciamento tempo-espaço dirige nossa atenção às complexas relações entre *envolvimentos locais* (circunstâncias de copresença) e *interação através de distância* (as conexões de presença e ausência). Na era moderna, o nível de distanciamento tempo-espaço é muito maior do que em qualquer período precedente, e as relações entre formas sociais e eventos locais e distantes se tornam correspondentemente "alongadas". A globalização se refere essencialmente a este processo de alongamento, na medida em que as modalidades de conexão entre diferentes regiões ou contextos sociais se enredaram através da superfície da Terra como um todo.

A globalização pode assim ser definida como a intensificação das relações sociais em escala mundial, que ligam localidades distantes de tal maneira que acontecimentos locais são modelados por eventos ocorrendo a muitas milhas de distância e vice-versa. Este é um processo dialético porque tais acontecimentos locais podem se deslocar numa direção anversa às relações muito distanciadas que os modelam. A *transformação local* é tanto uma parte da globalização quanto a extensão lateral das conexões sociais através do tempo e do espaço. Assim, quem quer que estude as cidades hoje em dia, em qualquer parte do mundo, está ciente de que o que ocorre numa vizinhança local tende a ser influenciado por fatores – tais como dinheiro mundial e mercados de bens – operando a uma distância indefinida da vizinhança em questão. O resultado não é necessariamente, ou mesmo usualmente, um conjunto generalizado de mudanças atuando numa direção uniforme, mas consiste em tendências mutuamente opostas. A prosperidade crescente de uma área urbana em cingapura pode ter suas causas relacionadas, via uma complicada rede de laços econômicos globais, ao empobrecimento de uma vizinhança em

Pittsburgh cujos produtos locais não são competitivos nos mercados mundiais. Um outro exemplo dos muitos que poderiam ser oferecidos é o da ascensão dos nacionalismos locais na Europa e em outros lugares. O desenvolvimento de relações sociais globalizadas serve provavelmente para diminuir alguns aspectos de sentimento nacionalista ligado aos Estados-nação (ou alguns Estados), mas pode estar causalmente envolvido com a intensificação de sentimentos nacionalistas mais localizados. Em circunstâncias de globalização acelerada, o Estado-nação tornou-se "muito pequeno para os grandes problemas da vida, e muito grande para os pequenos problemas da vida".[4] Ao mesmo tempo em que as relações sociais se tornam lateralmente esticadas e como parte do mesmo processo, vemos o fortalecimento de pressões para autonomia local e identidade cultural regional.

Duas perspectivas teóricas

Afora a obra de Marshall McLuhan e uns poucos outros autores individuais, as discussões da globalização tendem a aparecer em dois corpos de literatura, que são bastante diferentes um do outro. Um é a literatura das relações internacionais, o outro a da teoria do "sistema mundial", particularmente enquanto associada a Immanuel Wallerstein, que se situa bem próximo a uma posição marxista.

Os teóricos das relações internacionais caracteristicamente enfocam o desenvolvimento do sistema de Estados-nação, analisando suas origens na Europa e sua ulterior disseminação em escala mundial. Os Estados-nação são tratados como atores, envolvendo-se

---

4. Daniel Bell, "The World and the United States in 2013", *Daedalus* 116 (1987).

entre si na arena internacional – e com outras organizações de tipo transnacional (organizações intergovernamentais ou atores não Estado). Embora diversas posições teóricas estejam representadas nesta literatura, a maioria dos autores pinta um quadro um tanto similar ao crescimento da globalização.[5] Os Estados soberanos, supõe-se, emergem primeiro como entidades amplamente separadas, tendo controle administrativo mais ou menos completo no interior de suas fronteiras. Conforme o sistema do Estado europeu amadurece e vai se tornando um sistema global de Estados-nação, os padrões de interdependência ficam cada vez mais desenvolvidos. Estes não se expressam apenas nos vínculos que os Estados formam uns com os outros na arena internacional, mas também na germinação de organizações intergovernamentais. Estes processos assinalam um movimento geral rumo a "um mundo", embora eles sejam continuamente fraturados pela guerra. Os Estados-nação, argumenta-se, estão se tornando progressivamente menos soberanos do que costumavam ser em termos de controle sobre seus próprios negócios – embora poucos hoje antecipem para o futuro próximo a emergência do "Estado mundial" que muitos no início deste século previam como uma probabilidade real.

Embora esta concepção não esteja totalmente errada, algumas reservas importantes devem ser feitas. Pois ela cobre somente uma dimensão geral da globalização como desejo utilizar aqui o conceito – a coordenação internacional dos Estados. Registrar os Estados como atores tem seus usos e faz sentido em alguns contextos. Entretanto, muitos teóricos das relações internacionais não explicam *por que* este uso faz sentido; pois ele só o faz no caso dos Estados-nação, não no dos Estados pré-modernos. A razão tem a ver com um tema discutido anteriormente – há uma concentração razoavelmente maior de

---

5. Ver, por exemplo, James N. Rosenthau. *The Study of Global Interdependence* (London: Pinter, 1980).

poder administrativo nos Estados-nação do que em seus precursores, nos quais seria relativamente sem sentido falar de "governos" que negociam com outros "governos" em nome de suas respectivas nações. Ademais, tratar os Estados como atores tendo conexões uns com os outros e com outras organizações na arena internacional torna difícil lidar com relações sociais que não estão entre ou fora de Estados, mas simplesmente cortam de forma transversal as divisões dos Estados. Uma deficiência ulterior deste tipo de abordagem diz respeito ao retrato da crescente unificação do sistema de Estados-nação. O poder soberano dos Estados modernos não se formou antes do envolvimento destes no sistema de Estados-nação, e mesmo no sistema de Estados europeu, mas sim desenvolveu-se em conjunção com ele. Na verdade, a soberania do Estado moderno foi desde o início *dependente das relações entre Estados*, em termos das quais cada Estado (em princípio, e de modo algum na prática) reconhecia a autonomia dos outros dentro de suas fronteiras. Nenhum Estado, por mais poderoso, detinha tanto controle da soberania na prática como era venerado no princípio legal. A história dos últimos dois séculos não é portanto a história da perda progressiva da soberania por parte do Estado-nação. Aqui mais uma vez devemos reconhecer o caráter dialético da globalização e também a influência dos processos de desenvolvimento desigual. A perda de autonomia por parte de alguns Estados ou grupos de Estados tem sido frequentemente concomitante com um *aumento* dela por parte de outros, como resultado de alianças, guerras ou mudanças políticas e econômicas de diversos tipos. Por exemplo, embora o controle da soberania de algumas das nações ocidentais "clássicas" possa ter diminuído como resultado da aceleração da divisão global de trabalho nos últimos trinta anos, o de alguns países do Extremo Oriente – ao menos em alguns aspectos – cresceu.

Na medida em que a postura da teoria do sistema mundial difere tanto das relações internacionais, não é surpreendente descobrir que as duas literaturas diferem entre si. A explicação de Wallerstein do sistema mundial traz muitas contribuições, tanto na teoria como na análise empírica.[6] Não menos importante é o fato de que ele contorna a preocupação usual dos sociólogos com as "sociedades" em favor de uma concepção muito mais abrangente de relacionamentos globalizados. Faz, também, uma clara diferenciação entre a era moderna e as épocas precedentes em termos dos fenômenos com os quais ela está relacionada. O que ele denomina "economias mundiais" – redes de conexões econômicas de um tipo extensivo geograficamente – existiu antes dos tempos modernos, mas era algo notavelmente diverso do sistema mundial que se desenvolveu nos últimos três ou quatro séculos. As economias mundiais antigas eram geralmente centradas sobre grandes Estados imperiais e nunca cobriam mais do que certas regiões onde se concentrava o poder desses Estados. A emergência do capitalismo, como Wallerstein a analisa, introduz um tipo de ordem bem diferente, pela primeira vez genuinamente global em seu escopo e baseada mais no poder econômico que no político – a "economia capitalista mundial". A economia capitalista mundial, que tem suas origens nos séculos XVI e XVII, está integrada através de conexões comerciais e fabris, não por um centro político. Na verdade, existe uma multiplicidade de centros políticos, os Estados-nação. O sistema mundial moderno se divide em três componentes, o centro, a semiperiferia e a periferia, embora a localização destes se desloque regionalmente através do tempo.

Segundo Wallerstein, o alcance mundial do capitalismo foi estabelecido bem cedo no período moderno: "O capitalismo foi desde o começo um assunto da economia mundial e não dos Estados-

---

6. Immanuel Wallerstein, *The Modern World System* (New York: Academic, 1974).

-nação... O capital nunca cedeu às suas aspirações de ser determinado por limites nacionais".⁷ O capitalismo foi uma influência globalizante fundamental precisamente por ser uma ordem econômica e não política; ele foi capaz de penetrar em áreas distantes do mundo onde os Estados de sua origem não poderiam fazer valer totalmente sua influência política. A administração colonial de terras distantes pode ter ajudado, em algumas situações, a consolidar a expansão econômica, mas ela nunca chegou a ser a base principal da disseminação do empreendimento capitalista em escala global. No final do século XX, quando o colonialismo em sua forma original já quase desapareceu, a economia capitalista mundial continua a envolver grandes desequilíbrios entre o centro, a semiperiferia e a periferia.

Wallerstein consegue desvencilhar-se de algumas das limitações do pensamento sociológico mais ortodoxo, principalmente da tendência enfaticamente definida a enfocar "modelos endógenos" de mudança social. Mas sua obra tem suas próprias deficiências. Ele continua a ver apenas um nexo institucional dominante (capitalismo) como responsável pelas transformações modernas. A teoria do sistema mundial se concentra portanto enfaticamente sobre influências econômicas e considera difícil explicar de forma satisfatória, precisamente aqueles fenômenos tornados centrais pelos teóricos das relações internacionais: a ascensão do Estado-nação e do sistema de Estados-nação. Além disso, as distinções entre centro, semiperiferia e periferia (elas mesmas talvez de valor questionável), baseadas em critérios econômicos, não nos permitem elucidar concentrações de poder político ou militar, que não se alinham de maneira exata às diferenciações econômicas.

---

7. Immanuel Wallerstein, "The Rise and Future Demise of the World Capitalist System: Concepts for Comparative Analysis", em seu *The Capitalist World Economy* (Cambridge, eng.: Cambridge University Press, 1879), p.19.

Dimensões da globalização

Devo, em contraste, considerar a economia capitalista mundial como uma das quatro dimensões da globalização, seguindo a classificação quádrupla das instituições da modernidade mencionadas acima (ver Figura 2).[8] O sistema de Estados-nação é uma segunda dimensão; como a discussão acima indicava, embora elas estejam conectadas de várias maneiras, nenhuma pode ser explicada exaustivamente em termos da outra.

Se considerarmos a atualidade, em que sentido pode-se ter a organização econômica mundial como dominada pelos mecanismos econômicos capitalistas. Várias considerações são relevantes nas respostas a esta questão. Os principais centros de poder na economia mundial são Estados capitalistas – Estados onde o empreendimento econômico capitalista (com as relações de classe que isto implica) é a principal forma de produção. As políticas econômicas nacional e internacional destes Estados envolvem muitas formas de regulamentação da atividade econômica, mas, como foi notado, sua organização institucional mantém uma "insulação" do econômico em relação ao político. Isto possibilita um amplo escopo para as atividades globais das corporações de negócios, que sempre têm uma base matriz num Estado específico, mas podem desenvolver muitos outros envolvimentos regionais em outros lugares.

As firmas de negócios, especialmente as corporações multinacionais, podem controlar imenso poder econômico, e ter a capacidade de influenciar sistemas políticos em seus países-base e em outros lugares. As maiores companhias multinacionais da atualidade têm orçamentos maiores do que os de todas as nações

---

8. Esta figura (e a discussão que a acompanha) sucede à que aparece na p.277 de *Nation-State and Violence*.

com poucas exceções. Mas há alguns aspectos-chave nos quais seu poder não pode rivalizar com o dos Estados – especialmente importantes aqui são os fatores de territorialidade e de controle dos meios de violência. Não há uma área na superfície da Terra, com a exceção parcial das regiões polares, que não seja reivindicada como legítima esfera de controle de um ou outro Estado. Todos os Estados modernos têm um monopólio mais ou menos bem-sucedido dos meios de violência no interior de seus próprios territórios. Não importa o quão grande possa ser seu poder econômico, as corporações industriais não são organizações militares (como algumas delas eram durante o período colonial), e não podem se estabelecer como entidades político/legais que governam uma determinada área territorial.

Figura 2. As dimensões da globalização.

Se os Estados-nação são os "atores" principais dentro da ordem política global, as corporações são os agentes dominantes dentro da economia mundial. Em suas relações comerciais entre si e com Estados e consumidores, as companhias (corporações fabris, firmas financeiras e bancos) dependem da produção para ter lucro. Daí a disseminação de sua influência trazer em sua passagem uma extensão global de mercados de bens e capitais. Entretanto, mesmo em seus primórdios, a economia mundial capitalista nunca foi apenas um mercado para o comércio de bens e serviços. Ela envolvia, e envolve hoje, a transformação em mercadoria da força de trabalho em relações de classe que separam os trabalhadores do controle de seus meios de produção. Este processo, é claro, é pleno de implicações para as desigualdades globais.

Todos os Estados-nação, capitalistas e Estados socialistas, dentro dos setores "desenvolvidos" do mundo, confiam em primeiro lugar na produção industrial para a geração da riqueza na qual se baseiam seus ganhos. Os países socialistas formam algo como um enclave dentro da economia mundial capitalista como um todo, estando a indústria mais diretamente submetida a imperativos políticos. Estes Estados certamente não são pós-capitalistas, mas a influência dos mercados capitalistas sobre a distribuição de bens e força de trabalho é substancialmente abafada. A busca de crescimento tanto pela sociedade ocidental como pela oriental da Europa empurra inevitavelmente os interesses econômicos para o primeiro plano das políticas que os Estados seguem na arena internacional. Mas é certamente claro para todos, salvo para aqueles sob a influência do materialismo histórico, que os envolvimentos materiais dos Estados-nação não são governados puramente por considerações econômicas, reais ou percebidas. A influência de qualquer Estado específico na ordem política global é fortemente condicionada pelo nível de sua riqueza (e a conexão entre esta e a força militar). Entretanto, os Estados fazem derivar seu poder das capacidades de soberania, como enfatiza Hans J. Morgenthau.[9] Eles não operam como máquinas econômicas, mas como "atores" ciosos de seus direitos territoriais, preocupados com a promoção de culturas nacionais, e tendo envolvimentos geopolíticos estratégicos com outros Estados ou alianças de Estados.

O sistema de Estados-nação participa há muito tempo da característica de reflexividade da modernidade como um todo. A própria existência da soberania deve ser entendida como algo que é reflexivamente monitorado, por razões já indicadas. A soberania está vinculada à substituição das "fronteiras" pelas "divisas" no desenvolvimento inicial do sistema de Estados-nação: a autonomia dentro do território reivindicado pelo Estado é sancionada pelo reconhecimento das divisas pelos outros Estados. Como foi notado, este é um dos fatores principais a distinguir o sistema de Estados-nação do sistema de Estados na era pré-moderna, quando existiam poucas relações reflexivamente ordenadas deste tipo e quando a noção de "relações internacionais" não fazia sentido.

Um aspecto da natureza dialética da globalização é o "empurra e puxa" entre tendências voltadas à centralização, inerente *à* reflexividade do sistema de Estados por um lado e a soberania de Estados específicos por outro. Assim, a ação planejada entre países a respeito de algumas coisas diminui a soberania individual das nações envolvidas, embora ao combinar seu poder de outras maneiras, ela aumenta sua influência dentro do sistema de Estados. O mesmo vale para os antigos congressos que, em conjunção com a guerra, definiam e redefiniam as divisas dos Estados – e para agências realmente globais como as Nações Unidas. A influência global da ONU (ainda decisivamente limitada pelo fato de não ser territorial e não ter acesso significativo aos meios de violência) não é obtida apenas através de uma diminuição da soberania

---

9. H. J. Morgenthau. *Politics among Nations* (New York: Knopf, 1960).

dos Estados-nação – as coisas são mais complicadas do que isto. Um exemplo óbvio é o das "nações novas" – Estados-nação autônomos estabelecidos em áreas anteriormente colonizadas. A luta armada contra os países colonizadores foi geralmente um fator de importância para persuadir os colonizadores a se retirarem. Mas as discussões na ONU tiveram um papel-chave no estabelecimento das áreas ex-coloniais como Estados com divisas internacionalmente reconhecidas. Por fracas que algumas das novas nações possam ser econômica e militarmente, sua emergência *como* Estados-nação (ou, em muitos casos, "nações-Estado") assinala um ganho líquido em termos de soberania, em comparação com suas circunstâncias anteriores.

A terceira dimensão da globalização é a ordem militar mundial. Ao especificar sua natureza, temos que analisar as conexões entre a industrialização da guerra, o fluxo de armamento e técnicas de organização militar de certas partes do mundo para outras, e as alianças que os Estados erigem entre si. As alianças militares não comprometem necessariamente o monopólio sobre os meios de violência que um Estado mantém sobre seus territórios, embora certamente possam fazê-lo em certas circunstâncias.

Ao traçar as coalescências entre poder militar e a soberania dos Estados, encontramos o mesmo puxa e empurra entre tendências opostas que notamos antes. No período corrente, os dois Estados mais desenvolvidos militarmente, os Estados Unidos e a União Soviética, construíram um sistema bipolar de alianças militares de escopo realmente global. Os países envolvidos nestas alianças necessariamente aceitam limitações sobre suas oportunidades de forjar estratégias militares independentes externamente. Eles podem também ser privados de monopólio completo de controle militar dentro de seus próprios territórios, na medida em que as forças americanas ou soviéticas lá estacionadas recebem ordens do estrangeiro. Entretanto, como resultado do poder destrutivo maciço do armamento moderno, quase todos os Estados possuem força militar muito mais excessiva do que mesmo as maiores civilizações pré-modernas. Muitos países economicamente fracos do Terceiro Mundo são militarmente poderosos. Num sentido importante não há "Terceiro Mundo" no que diz respeito ao armamento, mas apenas um "Primeiro Mundo", na medida em que a maioria dos países mantém estoques de armamento tecnologicamente avançado e modernizaram completamente seus exércitos. Mesmo a posse de armamento nuclear não está confinada aos Estados economicamente avançados.

A globalização do poder militar não se limita obviamente ao armamento e às alianças entre as forças armadas de Estados diferentes – ela também diz respeito à própria guerra. Duas guerras mundiais dão mostras da maneira pela qual conflitos locais tornaram-se questões de envolvimento global. Em ambas as guerras, os participantes pertenciam a virtualmente todas as regiões (embora a Segunda Guerra Mundial fosse um fenômeno mais verdadeiramente mundial). Numa era de armamento nuclear, a industrialização da guerra chegou a um ponto em que, como foi mencionado antes, a obsolescência da principal doutrina de Clausewitz tornou-se clara para todos.[10] A única razão para se manter armas nucleares – afora seu possível valor simbólico na política mundial – é impedir que os outros as usem.

Embora esta situação possa levar a uma suspensão da guerra entre as potências nucleares (ao menos é o que todos devemos esperar), ela de modo algum as impede de se engajar em aventuras militares fora de seus próprios domínios territoriais. As duas superpotências em particular se engajam no que pode ser chamado de "guerras orquestradas" em áreas periféricas de força militar.

---

10. Clausewitz era um pensador sutil, e há interpretações de suas ideias que continuam em relevância até os dias de hoje.

Com esta expressão estou designando confrontos militares com os governos de outros Estados ou com movimentos de guerrilha ou ambos, nos quais as tropas da superpotência não estão necessariamente engajadas, mas onde há força, é uma influência organizadora principal.

A quarta dimensão da globalização diz respeito ao desenvolvimento industrial. Seu aspecto mais óbvio é a expansão da divisão global do trabalho, que inclui as diferenciações entre áreas mais e menos industrializadas no mundo. A indústria moderna se baseia intrinsecamente em divisões de trabalho, não apenas ao que diz respeito às tarefas mas também à especialização regional em termos de tipo de indústria, capacitações e a produção de matérias-primas. Não há dúvida de que ocorreu uma importante expansão de interdependência global na divisão do trabalho desde a Segunda Guerra Mundial. Isto concorreu para a realização de mudanças na distribuição mundial da produção, incluindo a desindustrialização de certas regiões nos países desenvolvidos e o surgimento dos "Países Recém-Industrializados" no Terceiro Mundo. Isto também serviu sem dúvida para reduzir a hegemonia econômica interna de muitos Estados, particularmente daqueles com um alto nível de industrialização. É mais difícil para os países capitalistas do que era antes dirigir suas economias, por causa da acelerada interdependência econômica global. Esta é quase certamente uma das principais razões para o impacto declinante das políticas econômicas keynesianas, conforme aplicadas na economia nacional, nos tempos correntes.

Um dos traços principais das implicações globalizantes do industrialismo é a difusão mundial das tecnologias de máquina. O impacto do industrialismo é claramente não limitado à esfera de produção, mas afeta muitos aspectos da vida cotidiana, bem como influencia o caráter genérico da interação humana com o meio ambiente material.

Mesmo nos Estados que permanecem primordialmente agrícolas, a tecnologia moderna é frequentemente aplicada de modo a alterar substancialmente as relações preexistentes entre a organização social humana e o meio ambiente. Isto vale, por exemplo, para o uso de fertilizantes ou outros métodos de lavoura artificial, para a introdução de moderna maquinaria agrícola etc. A difusão do industrialismo criou "um mundo" num sentido mais negativo e ameaçador do que o que foi mencionado – um mundo no qual há mudanças ecológicas reais ou potenciais de um tipo daninho que afeta a todos no planeta. Entretanto o industrialismo também condicionou decisivamente nossa própria sensação de viver em "um mundo". Pois um dos mais importantes efeitos do industrialismo foi a transformação das tecnologias de comunicação.

Este comentário leva a um aspecto ulterior e muito fundamental da globalização, que jaz por trás de cada uma das várias dimensões institucionais que foram mencionadas e que pode ser denominado globalização cultural. As tecnologias mecanizadas de comunicação influenciaram dramaticamente todos os aspectos da globalização desde a primeira introdução da impressora mecânica na Europa. Elas formam um elemento essencial da reflexividade da modernidade e das descontinuidades que destacaram o moderno para fora do tradicional.

O impacto globalizante da mídia foi notado por muitos autores durante o início do crescimento dos jornais de circulação de massa. Assim, um comentador em 1892 escreveu que, como resultado dos jornais modernos, o habitante de uma pequena aldeia tinha uma compreensão maior dos eventos contemporâneos do que o primeiro-ministro de cem anos antes. O aldeão que lê jornal "se interessa simultaneamente pela revolução no Chile, uma guerrilha na África Oriental, um massacre no norte da China, e a fome na Rússia".[11]

---

11. Max Nordau, *Degeneration* (New York: Fertig, 1968, p.39; ed. original, 1892).

A questão aqui não é que essas pessoas estejam contingentemente conscientes de muitos eventos, de todas as partes do mundo, dos quais, antes, elas permaneceriam ignorantes. É que a extensão global das instituições da modernidade seria impossível não fosse pela concentração de conhecimentos que é representada pelas "notícias". Isto é talvez menos óbvio na consciência cultural geral do que em contextos mais específicos. Por exemplo, os mercados monetários globais de hoje envolvem direta e simultaneamente acesso à informação concentrada da parte de indivíduos bastante separados espacialmente uns dos outros.

III
Confiança e modernidade

Em condições de modernidade, uma quantidade cada vez maior de pessoas vive em circunstâncias nas quais instituições desencaixadas, ligando práticas locais a relações sociais globalizadas, organizam os aspectos principais da vida cotidiana. Nas seções seguintes deste estudo, quero examinar mais de perto como o suporte da confiança se vincula a estes fenômenos, bem como as questões decisivas da segurança, risco e perigo no mundo moderno. Nas páginas precedentes, já relacionei a confiança, de uma maneira abstrata, ao distanciamento tempo-espaço, mas devemos agora considerar a substância das relações de confiança em condições de modernidade. Se o significado imediato da globalização sobre esta discussão não é de imediato aparente, espero que o venha a ser mais tarde.

Para prosseguir, temos de fazer algumas distinções conceituais além das já formuladas.

Confiança e modernidade

Em primeiro lugar, quero complementar a noção de desencaixe com a de *reencaixe*. Com este termo me refiro à reapropriação ou remodelação de relações sociais desencaixadas de forma a comprometê-las (embora parcial ou transitoriamente) a condições locais de tempo e lugar. Quero também distinguir entre o que devo chamar de *compromissos com rosto* e *compromissos sem rosto*.* Os primeiros se referem a relações verdadeiras que são mantidas por, ou expressas em conexões sociais estabelecidas em circunstâncias de copresença. Os segundos dizem respeito ao desenvolvimento de fé em fichas simbólicas ou sistemas peritos, os quais, tomamos em conjunto, devo chamar de *sistemas abstratos*. Minhas teses gerais serão as de que todos os mecanismos de desencaixe interagem com contextos reencaixados de ação, os quais podem agir ou para sustentá-los ou para solapá-los; e de que os compromissos sem rosto estão vinculados de maneira ambiguamente análoga àqueles que exigem a presença do rosto.

Podemos encontrar um ponto de partida para esta discussão na observação sociológica familiar de que na vida social moderna muitas pessoas, a maior parte do tempo, interagem com outras que lhes são estranhas. Como Simmel salientou, o significado do termo "estranho" muda com o advento da modernidade.[1] Nas culturas pré-modernas, em que a comunidade local sempre permanece como base da organização social mais ampla, o "estranho" se refere a uma "pessoa toda" – alguém que vem de fora e que é potencialmente suspeito. Podem existir muitos motivos pelos quais uma pessoa que se muda de um outro lugar para uma pequena comunidade não consegue ganhar a confiança de seus membros, talvez mesmo depois de estar morando há muitos anos naquela comunidade. Nas sociedades modernas, em contraste, não interagimos comumente com estranhos como "pessoas todas" da

---

* No original: *facework commitments* e *faceless commitments*. Em português o sentido mais próximo seria "contatos pessoais e impessoais", respectivamente.
1. Georg Simmel, "The Stranger", em seu *Sociology* (Glencoe, Ill.: Free Press, 1969). Ver também Alfred Schutz, "The Stranger: An Essay in Social Psychology", *American Journal of Sociology* 49 (1944).

mesma forma. Em muitos cenários urbanos, particularmente, interagimos mais ou menos de forma contínua com outros que ou não conhecemos bem ou nunca encontramos antes – mas esta interação assume a forma de contatos relativamente efêmeros. A variedade de encontros que compõem a vida cotidiana nos cenários anônimos da atividade social moderna é mantida em primeira instância pelo que Goffman chamou de "desatenção civil".[2] Este fenômeno exige manejo complexo e habilidoso da parte dos que o exibem, mesmo considerando-se que ele pode parecer envolver na maior parte sinais e pistas sem importância. Duas pessoas se aproximam, e se cruzam numa calçada da cidade. O que poderia ser mais trivial e desinteressante? Tal evento pode acontecer milhões de vezes por dia mesmo numa única área urbana. No entanto algo ocorre aqui que liga aspectos aparentemente menores de manejo corporal a algumas das mais difusas características da modernidade. A "desatenção" demonstrada não é indiferença. É, pelo contrário, uma demonstração cuidadosamente monitorada do que pode ser chamado de estranhamento polido. Conforme as duas pessoas se aproximam uma da outra, cada uma rapidamente perscruta o rosto da outra, desviando o olhar quando se cruzam – Goffman chama isto de "abaixar os faróis" mútuos. O olhar concede reconhecimento do outro como um agente e como um conhecido potencial. Fixar os olhos no outro apenas brevemente e depois olhar para frente enquanto ambos se cruzam vincula tal atitude a uma reafirmação implícita de ausência de intenção hostil.

A manutenção da desatenção civil parece ser uma pressuposição muito geral da confiança presumida em encontros regula-

---

2. Erving Goffman, *Behavior in Public Places* (New York: Free Press, 1963). Abordando isto mais diretamente do ponto de vista da confiança, Alan Silver fala de "benevolência rotineira" em relação a estranhos; ver seu "'Trust' in Social and Political Theory", in Gerald D. Suttles and Mayer N. Zald, eds., *The Challenge of Social Control* (Norwood, N. J.: Ablex, 1985).

res com estranhos em lugares públicos. O quão importante isto é pode ser facilmente visto em circunstâncias onde está ausente ou fraturado. O "olhar de ódio", por exemplo, que, como nota Goffman, os brancos no sul dos Estados Unidos eram conhecidos no passado por fixar nos negros em ambientes públicos, reflete uma rejeição dos direitos dos negros de participarem de certas formas ortodoxas da interação cotidiana com brancos. Num exemplo de certa forma contrário, uma pessoa passando por um bairro perigoso, pode andar rapidamente, olhando direto para frente o tempo todo, ou furtivamente, em ambos os casos evitando qualquer contato de olhos com outros transeuntes. Uma falta de confiança elementar na possível intenção dos outros leva o indivíduo a evitar cruzar olhares, o que poderia precipitar um envolvimento potencialmente hostil.

A desatenção civil é o tipo mais básico de compromisso com rosto envolvido em encontros com estranhos em circunstâncias de modernidade. Ela envolve não apenas o uso do rosto mesmo, mas o emprego sutil da postura e posicionamento corporais que transmitem a mensagem: "você pode confiar que estou sem intenções hostis" – na rua, edifícios públicos, trens ou ônibus, ou em reuniões cerimoniais, festas ou outras ocasiões. A desatenção civil é confiança como "ruído de fundo" – não como uma coleção fortuita de sons, mas como ritmos sociais cuidadosamente comedidos e controlados. Ela é característica do que Goffman chama de "interação desconcentrada".

Os mecanismos de "interação concentrada", ou encontros, são bastante diferentes. Encontros, sejam com estranhos, conhecidos ou íntimos, também envolvem práticas generalizadas vinculadas à manutenção da confiança. A transição da desatenção civil para a abertura de um encontro, como Goffman mostra, é plena de possibilidades adversas para cada indivíduo envolvido. A confiança elementar que toda iniciação de um encontro pressupõe tende a ser sancionada por uma percepção de "confiabilidade estabelecida" e/ou pela manutenção de rituais informais – mais uma vez, frequentemente de um tipo complexo. Encontros com estranhos ou conhecidos – pessoas que um indivíduo encontrou antes, mas não conhece bem – equilibra confiança, tato e poder. Tato e rituais de polidez são dispositivos protetores mútuos, que estranhos ou conhecidos usam intencionalmente (no mais das vezes por uma consciência prática) como um tipo de contato social implícito. O poder diferencial, particularmente onde ele é muito marcado, pode romper ou deformar normas de tato e rituais de polidez – da mesma forma que a familiaridade da fidedignidade estabelecida entre amigos íntimos.

Confiança em sistemas abstratos

Muito mais poderia ser dito sobre o tema do entrelaçamento de confiança, tato e poder em encontros com não íntimos, mas neste ponto quero me concentrar sobre a *confiabilidade*, particularmente em relação às fichas simbólicas e sistemas peritos. A confiabilidade é de duas espécies. Existe aquela estabelecida entre indivíduos que se conhecem bem e que, baseados num relacionamento de longo prazo, substanciaram as credenciais que tornam cada um fidedigno aos olhos do outro. A confiabilidade relativa aos mecanismos de desencaixe é diferente, embora a fidedignidade seja ainda central e as credenciais certamente estejam envolvidas. Em certas circunstâncias, a confiança em sistemas abstratos não pressupõe encontro algum com os indivíduos ou grupos que são de alguma forma "responsáveis" por eles. Mas na grande maioria das instâncias tais indivíduos ou grupos estão envolvidos, e devo me referir a encontros com eles por parte dos atores leigos como os *pontos de acesso* dos sistemas abstratos. Os pontos de acesso dos sistemas abstratos são o terreno comum dos compromissos com rosto e sem rosto.

Uma parte básica de meu argumento será a de que *a natureza das instituições modernas está profundamente ligada ao mecanismo da confiança em sistemas abstratos*, especialmente confiança em sistemas peritos. Em condições de modernidade, o futuro está sempre aberto, não apenas em termos da contingência comum das coisas, mas em termos da reflexividade do conhecimento em relação ao qual as práticas sociais são organizadas. Este caráter contrafatual, orientado para o futuro, da modernidade é amplamente estruturado pela confiança conferida aos sistemas abstratos – que pela sua própria natureza é filtrada pela confiabilidade da perícia estabelecida. É extremamente importante deixar claro o que isto envolve. A fidedignidade conferida pelos atores leigos aos sistemas peritos não é apenas uma questão – como era normalmente o caso no mundo pré-moderno – de gerar uma sensação de segurança a respeito de um universo de eventos independentemente dado. É uma questão de cálculo de vantagem e risco em circunstâncias onde o conhecimento perito simplesmente não proporciona esse cálculo mas na verdade *cria* (ou reproduz) o universo de eventos, como resultado da contínua implementação reflexiva desse próprio conhecimento.

Um dos significados disto, numa situação em que muitos aspectos da modernidade tornaram-se globalizados, é que ninguém pode optar por sair completamente dos sistemas abstratos envolvidos nas instituições modernas. Este é mais obviamente o caso de fenômenos tais como o risco de guerra nuclear ou de catástrofe ecológica. Mas ele vale de uma forma mais completa para amplas extensões da vida cotidiana, tal como ela é vivida pela maioria da população. Os indivíduos em cenários pré-modernos, em princípio e na prática, poderiam ignorar os pronunciamentos de sacerdotes, sábios e feiticeiros, prosseguindo com as rotinas da atividade cotidiana. Mas este não é o caso no mundo moderno, no que toca ao conhecimento perito.

Por esta razão, contatos com peritos ou seus representantes ou delegados, na forma de encontros em pontos de acesso, são peculiarmente consequentes nas sociedades modernas. Que as coisas se passam deste modo é algo geralmente reconhecido tanto pelos indivíduos leigos como pelos operadores ou fornecedores de sistemas abstratos. Várias considerações estão tipicamente envolvidas aqui. Os encontros com os representantes de sistemas abstratos podem, é claro, ser regularizados e podem facilmente assumir características de confiabilidade associada com amizade e intimidade. Este pode ser o caso, por exemplo, de um médico, dentista ou agente de viagem com o qual se lida regularmente por um período de anos. Entretanto, muitos encontros com os representantes de sistemas abstratos são mais periódicos ou transitórios. Encontros irregulares são provavelmente aqueles em que os critérios evidenciais de fidedignidade têm que ser, de modo especial, cuidadosamente expostos e protegidos, embora tais critérios sejam também exibidos em toda a gama de encontros leigo-profissional.

Nos pontos de acesso, os compromissos com rosto que põem atores leigos em relações de confiança, envolvem comumente exibições de confiabilidade e integridade manifestas, associadas a uma atitude de "aja como de hábito", ou de autossegurança. Embora todos estejam cônscios de que o verdadeiro repositório de confiança está no sistema abstrato, e não nos indivíduos que nos contextos específicos o "representam", os pontos de acesso trazem um lembrete de que pessoas de carne e osso (que são potencialmente falíveis) é que são seus operadores. Os compromissos com rosto tendem a ser imensamente dependentes do que pode ser chamado de *postura* dos representantes ou operadores do sistema. As graves deliberações do juiz, o solene profissionalismo do médico, ou a animação estereotipada da tripulação do avião participam igualmente desta categoria. É compreendido por todas as partes que é necessária confiança renovada, e esta é de um tipo duplo: na fidedignidade dos indivíduos específicos envolvidos e no (necessariamente misterioso) conhecimento ou habilidades aos quais o indivíduo leigo não tem acesso efetivo. Uma atitude de "aja como de hábito" tende a ser particularmente importante onde os perigos envolvidos são visíveis, ao invés de formarem uma base de riscos puramente contrafatuais. Tomando como exemplo a viagem aérea, o ar casual estudado e a calma animação do pessoal de bordo são provavelmente tão importantes na renovação da confiança dos passageiros quanto qualquer quantidade de anúncios demonstrando estatisticamente o quão segura é a viagem aérea.

É virtualmente sempre o fato de que nos pontos de acesso é feita uma divisão estrita, para usar outros dois conceitos de Goffman, entre atuações de "palco" e de "bastidores". Não precisamos de uma "explicação" funcionalista para vermos por que é assim. O controle da passagem entre o palco e os bastidores é parte da essência do profissionalismo. Por que os peritos mantêm oculto dos outros uma boa parte do que eles fazem? Uma razão é bastante sincera: o exercício da perícia requer em geral ambientes especializados, bem como concentração mental, o que seria difícil de conseguir às vistas do público. Mas há outras razões. Há uma diferença entre a perícia e o perito, a qual aqueles que trabalham nos pontos de acesso procuram comumente minimizar o mais possível. Os peritos podem conseguir as coisas erradas, por erro de interpretação ou ignorância da perícia que se espera que eles possuam.

A distinção clara entre palco e bastidores reforça a postura como um meio de reduzir o impacto das habilidades imperfeitas e da falibilidade humana. Os pacientes não tenderiam a confiar tão implicitamente na equipe médica se tivessem pleno conhecimento dos enganos que são feitos nas enfermarias e mesas de operações. Uma outra razão diz respeito às áreas de contingência que sempre permanecem no funcionamento de sistemas abstratos. Não existe habilidade tão cuidadosamente afiada e nem forma de conhecimento perito tão abrangente que estejam isentas de intervenção de elementos do acaso. Os peritos normalmente pressupõem que os indivíduos leigos se sentirão mais confiantes se não puderem observar o quão frequentemente esses elementos entram no desempenho do perito.

Os mecanismos de confiança não se relacionam apenas às conexões entre pessoas leigas e peritos: eles estão ligados também às atividades daqueles que estão "dentro" dos sistemas abstratos. Os códigos de ética profissional, em certos casos secundados por sanções legais, formam um meio pelo qual a confiabilidade de colegas ou associados é controlada internamente. Mesmo, no entanto, para aqueles que podem parecer mais intrinsecamente comprometidos com os sistemas abstratos que mantêm, os compromissos com rosto são em geral importantes como uma maneira de gerar confiabilidade contínua. Isto constitui um tipo de exemplo do reencaixe de relações sociais. O reencaixe aqui representa um meio de fixar confiança na confiabilidade e integridade de colegas. Como Deirdre Boden o expressa:

> O homem de negócios que diz "Quando você vai estar em New York?" ou os almoços do pessoal do *show biz* no Sunset Boulevard, ou os acadêmicos que cruzam continentes para ler trabalhos densos de quinze minutos em salas sem janelas com ar-condicionado não estão preocupados com turismo, culinária ou atividades acadêmicas. Eles precisam, como os soldados de antigamente, ver os brancos dos olhos tanto dos colegas como dos inimigos, para reafirmarem e, mais centralmente, atualizarem a base da confiança.[3]

---

3. Deirdre Boden, "Papers on Trust", mimeo. Eu também tirei proveito do "The Compulsion of Proximity", de Deirdre Boden e Harvey Molotch, mimeo (Dept. of Sociology, University of California, Santa Barbara).

O reencaixe em tais contextos, como a citação indica, vincula a confiança em sistemas abstratos à natureza reflexivamente móvel destes, bem como proporciona encontros e rituais que mantêm a confiabilidade entre colegas.

Podemos sumarizar estes pontos como se segue:

Relações de *confiança* são básicas para o distanciamento tempo-espaço dilatado em associação com a modernidade.

A *confiança em sistemas* assume a forma de *compromissos sem rosto*, nos quais é mantida a fé no funcionamento do conhecimento em relação ao qual a pessoa leiga é amplamente ignorante.

A *confiança em pessoas* envolve *compromissos com rosto*, nos quais são solicitados indicadores da integridade de outros (no interior de arenas de ação dadas).

O *reencaixe* se refere a processos por meio dos quais compromissos sem rosto são mantidos ou transformados por presença de rosto.

A *desatenção civil* é um aspecto fundamental das relações de confiança nos cenários anônimos, de grande escala, da modernidade. Ela é o "ruído" renovador de confiança que se dá no pano de fundo da formação e dissolução de encontros, envolvendo seus próprios mecanismos específicos de confiança, isto é, compromissos com rosto.

Pontos de acesso são pontos de conexão entre indivíduos ou coletividades leigos e os representantes de sistemas abstratos. São lugares de vulnerabilidade para os sistemas abstratos, mas também junções nas quais a confiança pode ser mantida ou reforçada.

Confiança e perícia

As observações até aqui feitas nesta seção tratam mais de como a confiança é dirigida em relação a sistemas abstratos, do que de responder a questão: por que a maioria das pessoas, a maior parte do tempo, confia em práticas e mecanismos sociais sobre os quais seu próprio conhecimento técnico é ligeiro ou não existente? Isto pode ser respondido de várias maneiras. Sabemos o bastante sobre a relutância com a qual, no início de cada fase do desenvolvimento social moderno, as populações se adaptaram a novas práticas sociais — tais como a introdução de formas profissionalizadas de medicina — para reconhecer a importância da socialização em relação a esta confiança. A influência do "currículo oculto" nos processos de educação formal é aqui provavelmente decisiva. O que é transmitido à criança no ensino da ciência não é apenas o conteúdo das descobertas técnicas, mas, mais importante para as atitudes sociais gerais, uma aura de respeito pelo conhecimento técnico de todos os tipos. Na maioria dos sistemas educacionais modernos, o ensino da ciência começa sempre pelos "princípios primeiros", conhecimento visto como mais ou menos indubitável. Apenas se alguém permanece aprendendo ciência por algum tempo é que poderá ser introduzido a questões contenciosas ou tornar-se plenamente cônscio da falibilidade potencial de todas as reivindicações ao conhecimento em ciência.

A ciência tem assim por longo tempo mantido uma imagem de conhecimento fidedigno que se verte numa atitude de respeito para com a maioria das formas de especialidade técnica. Ao mesmo tempo, contudo, as atitudes leigas em relação à ciência e ao conhecimento técnico são em geral tipicamente ambivalentes. Trata-se de uma ambivalência que reside no âmago de todas as relações de confiança, seja em sistemas abstratos, seja em indivíduos. Pois só se exige confiança onde há ignorância — ou das reivindicações de conhecimento de peritos técnicos ou dos pensamentos e intenções de pessoas íntimas com as quais se conta. A ignorância, entretanto, sempre fornece terreno para ceticismo ou pelo menos cautela. As representações populares da perícia técnica e científica mesclam geralmente respeito com atitudes de hostilidade ou medo, como nos estereótipos do técnico sem senso de humor com pouco conhecimento das pessoas comuns, ou do cientista louco. Profissões cuja reivindicação a um conhecimento especializado é vista sobretudo como um círculo fechado, tendo uma terminologia aparentemente inventada para obstruir o leigo – como ocorre com advogados ou sociólogos – tendem a ser vistas com uma visão particularmente deformada.

O respeito pelo conhecimento técnico existe comumente em conjunção com uma atitude pragmática para com sistemas abstratos, baseada em atitudes de ceticismo ou reserva. Muitas pessoas, por assim dizer, fazem uma "barganha com a modernidade" em termos da confiança que concedem às fichas simbólicas e sistemas peritos. A natureza da barganha é governada por misturas específicas de deferência e ceticismo, alívio e medo. Embora não possamos escapar completamente do impacto das instituições modernas, dentro do amplo escopo de atitudes de aceitação pragmática, muitas orientações possíveis podem existir (ou coexistir, em verdadeira ambivalência). Um indivíduo pode escolher mudar-se para uma área diferente, por exemplo, do que tomar água fluoretada, ou tomar água engarrafada ao invés de água da torneira. Seria uma atitude extremada, contudo, recusar completamente a água encanada.

A confiança é diferente do "conhecimento indutivo fraco", mas a fé que ela envolve não pressupõe sempre um ato consciente de compromisso. Em condições de modernidade, atitudes de confiança para com sistemas abstratos são via de regra rotineiramente incorporadas à continuidade das atividades cotidianas e são em grande parte reforçadas pelas circunstâncias intrínsecas do dia a dia. A confiança, assim, é muito menos um "salto para o compromisso" do que uma aceitação tácita de circunstâncias nas quais outras alternativas estão amplamente descartadas. Ainda assim, seria bastante equívoco ver esta situação como somente um tipo de dependência passiva, concedida com relutância – um ponto que devo desenvolver mais adiante.

Atitudes de confiança, de falta de confiança, para com sistemas abstratos específicos são passíveis de ser fortemente influenciadas por experiências em pontos de acesso – bem como, é claro, por atualizações de conhecimento que, através dos meios de comunicação e de outras fontes, são proporcionadas tanto para os leigos como para os peritos técnicos. O fato de que pontos de acesso são locais de tensão entre ceticismo leigo e perícia profissional faz deles reconhecidas fontes de vulnerabilidade para sistemas abstratos. Em certos casos, uma pessoa que teve experiências infelizes num dado ponto de acesso, onde as habilidades técnicas em questão se encontram num nível relativamente baixo, pode decidir abandonar o relacionamento leigo-cliente. Desta forma, alguém que acha que os "peritos" contratados não conseguem mesmo consertar adequadamente seu aquecimento central, pode decidir consertá-lo por si mesmo aprendendo os princípios básicos envolvidos. Outras vezes, más experiências em pontos de acesso podem levar ou a um tipo de cinismo resignado ou, onde isto é possível, ao desengajamento completo do sistema.* Um indiví-

---

* O governo moderno depende de uma complexa série de relações de confiança entre os líderes políticos e a população. Os sistemas eleitorais podem ser vistos não apenas como meios de assegurar a representação dos interesses, mas como maneiras de institucionalizar pontos de acesso conectando políticos com a massa da população. Manifestos eleitorais e outras propagandas são métodos de demonstrar confiabilidade, e uma boa parte do reencaixe ocorre geralmente aí – bebês são embalados, mãos apertadas etc. A confiança na perícia política é em si um tópico; mas como esta é uma área de relações de confiança que tem sido frequentemente analisada, não vou discuti-la aqui detalhadamente. Dever-se-ia observar, contudo, que o desengajamento dos sistemas governamentais é hoje quase impossível, dada a disseminação glo-

duo que investe em certas ações a conselho de um corretor da bolsa e que perde dinheiro pode decidir manter o dinheiro numa conta bancária. Essa pessoa pode mesmo resolver manter ativos apenas em ouro no futuro. Mas também aqui, seria muito difícil desengajar-se completamente do sistema monetário, e isto somente poderia ser feito se o indivíduo fosse tentar viver por si só em estado de pobreza.

Antes de considerar mais diretamente as circunstâncias em que a confiança é reforçada ou perdida, temos que complementar a discussão precedente com uma análise da confiança em pessoas ao invés de em sistemas. Isto nos leva a questões que têm a ver com a psicologia da confiança.

Confiança e segurança ontológica

Há certos aspectos da confiança e processos de desenvolvimento da personalidade que parecem se aplicar a todas as culturas, pré-modernas e modernas. Não vou tentar cobri-los exaustivamente, mas me concentrarei sobre as conexões entre confiança e *segurança ontológica*. A segurança ontológica é uma forma, mas uma forma muito importante, de sentimentos de segurança no sentido amplo em que empreguei o termo mais atrás.[4] A expressão se refere à crença que a maioria dos seres humanos tem na continuidade de sua autoidentidade e na constância dos ambientes de ação social e material circundantes. Uma sensação da fide-

---

bal dos Estados-nação. Pode-se conseguir sair de um país em que a política governamental é particularmente opressiva ou desagradável, mas apenas para entrar no território de um outro estado é tornar-se sujeito à sua jurisdição.
4. Anthony Giddens, *Central Problems in Social Theory* (London: Macmillan, 1979).

dignidade de pessoas e coisas, tão central à noção de confiança, é básica nos sentimentos de segurança ontológica; daí os dois serem relacionados psicologicamente de forma íntima. A segurança ontológica tem a ver com "ser" ou, nos termos da fenomenologia, "ser-no-mundo". Mas trata-se de um fenômeno emocional ao invés de cognitivo, e está enraizado no inconsciente. Os filósofos têm nos mostrado que, cognitivamente, existem poucos, se é que existe algum, aspectos de nossa existência pessoal dos quais podemos estar certos. Isto talvez seja parte da reflexividade da modernidade, mas não está certamente limitado em sua aplicação apenas a um período histórico específico. Certas questões – "Eu realmente existo?" "Eu sou hoje a mesma pessoa que era ontem?" "As outras pessoas realmente existem?" "Isto que vejo diante de mim continuará a existir quando eu virar as costas?" – não podem ser respondidas de forma indubitável por argumento racional.

Os filósofos colocam questões sobre a natureza do ser, mas eles não estão, podemos supor, ontologicamente inseguros em suas ações comuns, e nesta perspectiva eles estão de acordo com a massa da população. O mesmo não vale para uma minoria de pessoas que trata nossa incapacidade de termos certeza sobre tais assuntos não apenas como uma preocupação intelectual, mas como uma intranquilidade profunda que penetra muitas das coisas que elas fazem. Uma pessoa que está existencialmente insegura sobre seus diversos eus, ou se os outros realmente existem, ou se o que é percebido realmente existe, pode ser inteiramente incapaz de habitar o mesmo universo social como os outros seres humanos. Certas categorias de indivíduos vistos pelos outros como mentalmente insanos, particularmente os esquizofrênicos, pensam e agem desta maneira.[5]

---

5. R. D. Laing, *The Divided Self* (London: Tavistock, 1960).

Seja o que for que tal comportamento esquizofrênico mostre, contudo, é apenas expressivo de uma carência mental – o que vale também para muitos tipos de Estados ansiosos, em versões graves ou mais amenas. Imagine alguém que se aflige profunda e constantemente, pensando se os outros nutrem intenções maliciosas contra si. Ou imagine uma pessoa que se preocupa constantemente com a possibilidade de uma guerra nuclear e não pode deixar de lado o pensamento deste risco. Embora indivíduos "normais" possam considerar estas ansiedades, quando são profundas e crônicas, como irracionais, estes sentimentos são mais o resultado de supersensibilidade emocional do que de irracionalidade. Pois o risco de guerra nuclear *está* sempre aí como uma possibilidade imanente do mundo atual; e, como nenhum indivíduo jamais tem acesso direto aos pensamentos de um outro, ninguém *pode* estar absolutamente seguro, num sentido mais lógico que emocional, de que ideias maliciosas não estejam constantemente na mente de outros com quem se interage.

Por que não estão todos sempre em estado de alta-insegurança ontológica, dada a enormidade de tais problemas existenciais potenciais? As origens da segurança que a maioria sente, a maior parte do tempo, em relação a estas possíveis autointerrogações, devem ser encontradas em certas experiências características da primeira infância. Indivíduos "normais", quero argumentar, recebem uma "dose" básica de confiança na primeira infância que elimina ou neutraliza estas suscetibilidades existenciais. Ou, para alterar levemente a metáfora, eles recebem uma inoculação emocional, inoculação que protege contra as ansiedades ontológicas às quais todos os seres humanos estão potencialmente sujeitos. O agente desta inoculação é a figura protetora primária da infância: para a maioria dos indivíduos, a mãe.

A obra de Erik Erikson fornece uma fonte importante de elucidações para o significado da confiança no contexto do desenvolvimento inicial da criança. O que Erikson chama de "confiança básica", como ele mostra, está no âmago de uma identidade de ego duradoura. Ao discutir a confiança durante a infância, Erikson chama a atenção exatamente para aquele elemento necessário de fé ao qual já aludi. Embora alguns psicólogos têm falado de desenvolvimento de "crença" durante a infância, ele diz que prefere a palavra "confiança" porque há "mais ingenuidade" nela. Além disso, ele acrescenta, confiança implica não só "que se aprendeu a contar com a uniformidade e continuidade dos provedores externos", mas também "que se pode confiar em si mesmo". A confiança nos outros é desenvolvida em conjunção com a formação de um senso interno de confiabilidade, que fornece ulteriormente uma base para uma autoidentidade estável.

Desde cedo, portanto, a confiança implica uma *mutualidade* de experiência. A criança aprende a contar com a consistência e atenção de seus provedores. Mas ao mesmo tempo ela aprende que deve lidar com suas próprias solicitações de forma a satisfazê-las, e que os que dela cuidam contam com a segurança ou a confiabilidade no próprio comportamento da criança. A esquizofrenia infantil, salienta Erikson, fornece evidência gráfica do que pode acontecer se a confiança básica não for estabelecida entre a criança e seus provedores. A criança desenvolve pouco senso da "realidade" das coisas ou das outras pessoas, porque o fornecimento regular de afeto e cuidados é carente. O comportamento bizarro e o retraimento representam tentativas de lidar com um ambiente indeterminado ou ativamente hostil onde a ausência de sentimentos de confiabilidade interior reflete a falta de confiança do mundo externo.

A fé no amor de seus protetores é a essência daquele salto ao compromisso que a confiança básica – e todas as formas de confiança, portanto – pressupõe.

"Os pais" criam um senso de confiança em seus filhos através daquele tipo de administração que em sua qualidade combina o cuidado sensível das necessidades individuais do bebê e um firme senso da confiabilidade pessoal dentro da estrutura de confiança do estilo de vida de sua cultura. Isto forma na criança a base para um senso de identidade que se combinará mais tarde com um senso de estar "em ordem", de ser alguém, e de se tornar aquilo que as outras pessoas confiam que ele se tornará... Os pais devem não apenas ter certas maneiras de orientar por proibição e permissão; eles devem também ser capazes de representar para a criança uma convicção profunda, quase somática, de que há um sentido no que estão fazendo. A criança, definitivamente, torna-se neurótica não a partir de frustrações, mas da falta ou perda do sentido social nessas frustrações.

Mas, mesmo sob as circunstâncias mais favoráveis, esta etapa parece introduzir na vida psíquica (e tornar-se prototípica disto) uma sensação de divisão interna e nostalgia universal por um paraíso perdido. É contra esta poderosa combinação de uma sensação de ter sido destituído, de ter sido dividido, e de ter sido abandonado que a confiança básica deve se manter através da vida.[6]

Estas colocações, que não são peculiares apenas a Erikson, constituem uma ênfase geral da escola de pensamento psicanalítico das relações-objeto.* Algumas ideias muito parecidas foram desenvol-

---

6. Todas as citações de Erik H. Erikson, *Childhood and Society* (Harmondsworth: Penguin, 1965), p.239-41.

* As ideias da escola das relações-objeto são mais apropriadas aos argumentos aqui desenvolvidos do que as que se encontram na psicanálise lacaniana, hoje mais influentes em certas áreas da teoria social. A obra de Lacan é significativa porque ajuda a capturar a fragilidade e a fragmentação do eu. Ao fazê-lo, contudo – em comum com o pensamento pós-estruturalista em geral – ela enfoca primordialmente um tipo de processo que é na verdade complementado por contratendências voltadas à integração e completitude. A teoria das relações--objeto é informativa porque analisa como o indivíduo obtém um senso de coerência e como isto está ligado à renovação da confiança na "realidade" do mundo exterior. A meu ver, esta abordagem é (ou pode ser tornada) consoante com uma concepção wittgensteiniana do caráter de "dado" do mundo dos objetos e eventos, que pode ser "experimentado" apenas enquanto é vivido e que é intrinsecamente refratário a ser posto em palavras.

vidas anteriormente por D. W. Winnicott. Não é a satisfação dos impulsos orgânicos, diz ele, que faz com que uma criança "comece a ser, a sentir que a vida é real, a achar a vida digna de ser vivida". Esta orientação deriva, pelo contrário, da relação entre o bebê e seu protetor e depende do que Winnicott chama de "espaço potencial" entre ambos. O espaço potencial é a separação criada entre a criança e seu protetor – uma autonomia de ação e um senso emergente de identidade e da "realidade das coisas" – e deriva da confiança do bebê na segurança da figura paterna ou materna. O espaço potencial é uma denominação um tanto inadequada pois, como esclarece Winnicott, ele se refere à capacidade da criança de tolerar o afastamento do protetor no tempo e no espaço.[7]

Crucial à intersecção da confiança com a capacidade social emergente na criança, é, portanto, a *ausência*. Aqui, no âmago do desenvolvimento psicológico da confiança, redescobrimos a problemática do distanciamento tempo-espaço. Pois um traço fundamental da formação inicial da confiança é a confiança na volta do protetor. Um sentimento de segurança, contudo experiência independente, em relação aos outros – central ao senso de continuidade da autoidentidade – é predicado sobre o reconhecimento de que a ausência da mãe não representa uma retirada do amor. A confiança, assim, equipara a distância no tempo e no espaço bloqueando, deste modo, ansiedades existenciais que, se pudessem se concretizar, poderiam se tornar uma fonte de angústia contínua, emocional e comportamental, através da vida.

Erving Goffman expressa isto com sua pungência de costume ao (no contexto de uma discussão de risco) assinalar que

---

7. D. W. Winnicot, *Playing and Reality* (Harmondsworth: Penguin, 1974), p.116-21. Devo muito a Teresa Brennan por dirigir minha atenção ao trabalho dele sobre a teoria das relações-objeto e, mais geralmente, por seus conselhos em várias partes deste livro.

os poetas e religiosos estão acostumados a argumentar que se um indivíduo compara o tempo, bastante considerável, que ele está condenado a passar morto com o tempo relativamente breve que lhe é permitido para pavonear--se e aborrecer-se neste mundo, ele pode muito bem encontrar razões para encarar o conjunto de sua vida como um jogo fatal de curta duração, cada segundo do qual deve enchê-lo de ansiedade sobre como ele pode usá-lo. E na verdade, nosso tempo um tanto breve *está* se escoando, mas parecemos prender nossa respiração por segundos e minutos dele.[8]

A confiança, a segurança ontológica, e um sentimento da continuidade das coisas e pessoas permanecem intimamente ligados entre si na personalidade adulta. A confiança na fidedignidade de objetos não humanos, conclui-se desta análise, é baseada sobre uma fé mais primitiva na fidedignidade e sustentação de seres humanos. A confiança nos outros é uma necessidade psicológica de um tipo persistente e recorrente. Tirar segurança da fidedignidade ou integridade de outros é uma espécie de ranhura emocional que acompanha a experiência de ambientes familiares sociais e materiais. A segurança ontológica e a rotina estão intimamente vinculadas, através da influência difusa do hábito. As pessoas que cuidam inicialmente da criança conferem normalmente muita importância em seguir as rotinas, o que resulta igualmente em intensa frustração e em gratificação para a criança. A previsibilidade das rotinas (aparentemente) sem importância da vida cotidiana está profundamente envolvida com um sentimento de segurança psicológica. Quando tais rotinas sofrem alteração — por quaisquer razões — a ansiedade transborda, e mesmo aspectos muito firmemente alicerçados da personalidade do indivíduo podem ser afetados e alterados.[9]

O apego à rotina é sempre ambivalente, sendo isto uma expressão daqueles sentimentos de perda que, como nota Erikson,

---

8. Erving Goffman, *Where the Action Is* (London: Allen Lane, 1969).
9. Giddens, *Central Problems*.

são inevitavelmente uma parte da confiança básica. A rotina é psicologicamente relaxante, mas num sentido importante ela não é algo *a respeito do qual* se possa estar relaxado. A continuidade das rotinas da vida diária só é conseguida através da vigilância constante das partes envolvidas – embora isto seja quase sempre realizado por uma consciência prática. A demonstração desta renovação contínua do "contrato" que os indivíduos assumem uns com os outros é exatamente do que tratam as "experiências com a confiança" de Harold Garfinkel.[10] Essas experiências representam graficamente distúrbios emocionais causados até mesmo por aspectos aparentemente inconsequentes da fala comum. O resultado é uma suspensão da confiança no outro enquanto agente fidedigno e competente, e um transbordamento de ansiedade existencial que assume a forma de sentimentos de mágoa, perplexidade e traição, junto com suspeita e hostilidade.

Esta obra e as de outros sobre as minúcias da fala e interação cotidianas sugerem enfaticamente que o que é aprendido na formação da confiança básica não é apenas a correlação de rotina, integridade e gratificação. O que é também assimilado é uma metodologia extremamente sofisticada de consciência prática, que constitui um dispositivo de proteção contínua (embora plena de possibilidades de fratura e disjunção) contra as ansiedades que mesmo os encontros mais casuais com outros podem potencialmente provocar. Já observamos a desatenção civil como um meio geral no qual a confiança é "feita" como um aspecto de copresença fora de encontros focados. Nos próprios compromissos com rosto, a manutenção da confiança básica é realizada através do monitoramento crônico do olhar, da postura corporal, da gesticulação e das convenções da conversação ortodoxa.

---

10. Harold Garfinkel, "A Conception of and Experiments with 'Trust' as a Condition of Stable Concerted Actions," in O. J. Harvey, ed., *Motivation and Social Interaction* (New York: Ronald Press, 1963).

A análise desenvolvida nesta seção proporciona a oportunidade de esboçar uma resposta à pergunta que foi deixada em aberto antes: o que é o oposto de confiança? Obviamente há circunstâncias em que a ausência de confiança poderia ser caracterizada adequadamente como desconfiança, tanto a respeito de sistemas abstratos como de pessoas. O termo "desconfiança" se aplica mais facilmente quando falamos da relação de um agente com um sistema, indivíduo ou tipo de indivíduo específico. No que toca aos sistemas abstratos, desconfiança significa ser cético a respeito, ou ter uma atitude ativamente negativa para com as reivindicações de perícia que o sistema incorpora. No caso de pessoas, significa duvidar ou desacreditar das reivindicações de integridade que suas ações personificam ou demonstram. Entretanto, "desconfiança" é um termo muito fraco para expressar a antítese da confiança *básica*, o elemento focal num conjunto generalizado de relações para com os ambientes social e físico. A forja da confiança aqui é a própria condição do reconhecimento da identidade clara de objetos e pessoas. Se a confiança básica não é desenvolvida ou sua ambivalência inerente não é dominada, o resultado é ansiedade existencial persistente. Em seu sentido mais profundo, a antítese de confiança é portanto um estado de espírito que poderia ser melhor sumariado como *angst* ou *pavor* existencial.

O pré-moderno e o moderno

Se existem traços da psicologia da confiança que são universais, ou quase universais, há também contrastes fundamentais entre as condições das relações de confiança nas culturas pré-modernas e modernas. Não é apenas a confiança que devemos considerar aqui, mas amplos aspectos das conexões entre confiança e risco, e entre segurança e perigo. É, em si, algo arriscado traçar contrastes generalizados entre a era moderna e a inteira gama das ordens sociais pré-modernas. O caráter abrupto e extenso das descontinuidades entre instituições pré-modernas e modernidade, contudo, justifica a tentativa, embora inevitavelmente acabem envolvidas simplificações excessivas. A Tabela 1 fornece uma orientação geral às distinções que quero fazer entre ambientes de confiança e de risco.

Em todas as culturas pré-modernas, incluindo as grandes civilizações agrárias, por razões já discutidas, o nível do distanciamento tempo-espaço é relativamente baixo se comparado com condições de modernidade. A segurança ontológica no mundo pré-moderno tem que ser compreendida em primeiro lugar em relação a contextos de confiança, e formas de risco ou perigo, fixos às circunstâncias do lugar. Devido a sua conexão inerente com a ausência, a confiança está sempre vinculada a modos de organizar interações "fidedignas" através do tempo-espaço.

Quatro contextos localizados de confiança tendem a predominar nas culturas pré-modernas, embora cada um deles tenha muitas variações de acordo com a ordem social específica em questão. O primeiro contexto de confiança é o sistema de parentesco, que na maioria dos cenários pré-modernos proporciona um modo relativamente estável de organização de "feixes" de relações sociais através do tempo e do espaço. As conexões de parentesco são frequentemente um foco de tensão e conflito. Mas apesar dos muitos conflitos que envolvem e das ansiedades que provocam, elas geralmente são ligações em que se pode confiar na estruturação de ações nos campos do tempo-espaço. Isto vale tanto para as conexões razoavelmente impessoais como para as mais pessoais. Em outras palavras, os parentes podem em geral ser vistos com confiança no sentido de cumprirem uma gama de obrigações mais ou menos independentemente de sentirem simpatia pessoal para com os indivíduos específicos envolvidos. Além disso, o parentesco geralmente proporciona uma rede estabilizadora de relações amigáveis ou íntimas que resistem através do tempo-espaço. O parentesco, em suma, fornece um nexo de conexões sociais fidedignas que, em princípio e muito comumente na prática, formam um meio organizador de relações de confiança.

TABELA 1
Ambientes de confiança e risco nas culturas pré-modernas e modernas

	PRÉ-MODERNAS	MODERNAS
AMBIENTE DE CONFIANÇA	*Contexto geral*: importância excessiva na confiança localizada.	*Contexto geral*: relações de confiança em sistemas abstratos desencaixados.
	1. *Relações de parentesco* como um dispositivo de organização para estabilizar laços sociais através do tempo-espaço.	1. *Relações pessoais* de amizade ou intimidade sexual como meios de estabilizar laços sociais.
	2. A *comunidade local* como um *lugar*, fornecendo um meio familiar.	2. *Sistemas abstratos* como meios de estabilizar relações através de extensões indefinidas de tempo-espaço.
	3. *Cosmologias religiosas* como modos de crença e práticas rituais fornecendo uma interpretação providencial da vida humana e da natureza.	3. Pensamento contrafatual *orientado para o futuro* como um modo de conectar passado e presente.
	4. *Tradição* como um meio de conectar presente e futuro; orientada para o passado em tempo reversível.	
AMBIENTE DE RISCO	1. Ameaças e perigos emanando da *natureza*, como a prevalência de doenças infecciosas, insegurança climática, inundações ou outros desastres naturais.	1. Ameaças e perigos emanando da *reflexividade* da modernidade.
	2. A ameaça de *violência humana* por parte de exércitos pilhadores, senhores da guerra locais, bandidos ou salteadores.	2. A ameaça de *violência humana* a partir da industrialização da guerra.
	3. Risco de uma *perda da graça religiosa* ou de influência mágica maligna.	3. A ameaça de *falta de sentido pessoal* derivada da reflexividade da modernidade enquanto aplicada ao eu.

O mesmo pode ser dito da comunidade local. Devemos evitar a visão romanceada da comunidade que vem frequentemente à tona nas análises sociais quando as culturas tradicionais são comparadas às modernas. Quero aqui enfatizar a importância das *relações localizadas* organizadas em termos de *lugar*, em que o lugar ainda não foi transformado pelas relações tempo-espaço distanciadas. Na grande maioria dos cenários pré-modernos, inclusive na maioria das cidades, o meio local é o lugar de feixes de relações sociais entrelaçadas, cuja pequena extensão espacial garante sua solidez no tempo. Migrações de populações, nomadismo e as viagens de longas distâncias de mercadores e aventureiros eram bastante comuns nos tempos pré-modernos. Mas a grande maioria da população era relativamente imóvel e isolada, se comparamos com as formas regulares e densas de mobilidade (e consciência de outros modos de vida) proporcionadas pelos meios de transporte modernos. A localidade nos contextos pré-modernos é o foco de, ou contribui para, segurança ontológica de maneiras que são substancialmente dissolvidas em circunstâncias de modernidade.

Uma terceira influência é a da cosmologia religiosa. Crenças religiosas podem ser fonte de extrema ansiedade ou desespero – tanto que elas devem ser incluídas como um dos principais parâmetros de risco e perigo (vivenciados) em muitos cenários pré-modernos. Mas em outros aspectos as cosmologias religiosas proporcionam interpretações morais e práticas da vida pessoal e social, bem como do mundo natural, o que representa um ambiente de segurança para o crente. A deidade cristã nos ordena: "Confie em mim, pois eu sou o único e verdadeiro Deus". Embora a maioria das religiões não seja tão monoteísta, a ideia de confiança em seres ou forças sobrenaturais é um traço característico de muitas crenças religiosas diferentes quanto a outros aspectos. A religião é um meio organizador de confiança de mais de uma maneira. Não só as deidades e forças religiosas fornecem apoio providencial seguro: funcionários religiosos também o fazem. E o que é mais importante, as crenças religiosas tipicamente injetam fidedignidade na vivência de eventos e situações e formam uma estrutura em termos da qual eles podem ser explicados e respondidos.

Como com os outros contextos de confiança nas ordens pré-modernas, eu enfatizo aqui a religião como algo que gera um senso da fidedignidade dos eventos sociais e naturais, e assim contribui para a vinculação do tempo-espaço. É possível que a religião esteja vinculada psicologicamente ao mecanismo de confiança em termos das personagens e forças que ela representa, de forma que estas sejam diretamente expressivas de confiança – ou de sua ausência – em figuras paternas e maternas. Freud certamente sugeriu-o,[11] e muitos outros autores influenciados pela psicanálise concordam. Para Erikson, por exemplo, a "fé" que a confiança pressupõe e que é antes de tudo posta na figura dos protetores da criança, tem sua "salvaguarda institucional" na religião organizada.

A confiança nascida da proteção paterna ou materna é, de fato, a pedra de toque da *realidade* de uma dada religião. Todas as religiões têm em comum a submissão infantil periódica a um provedor ou provedores que proporcionam êxito na Terra bem como saúde espiritual... (e) a percepção de que a confiança individual deve tornar-se uma fé comum, a desconfiança individual um mal comumente formulado, enquanto a restauração do indivíduo deve tornar-se parte da prática ritual de muitos, e deve vir a ser um signo da confiabilidade na comunidade.[12]

Mesmo dada a extraordinária diversidade das religiões do mundo, é difícil resistir à conclusão de que deve haver algum elemento de validez nesta concepção; o ponto de vista que desenvolvo aqui, entretanto, não depende primordialmente dela.

---

11. Sigmund Freud, *The Future of an Illusion* (London: Hogarth, 1962).
12. Erikson, *Childhood*, p.242.

AS CONSEQUÊNCIAS DA MODERNIDADE 117

O quarto contexto principal de relações de confiança nas culturas pré-modernas é a própria tradição. A tradição, diferentemente da religião, não se refere a nenhum corpo particular de crenças e práticas, mas à maneira pelas quais estas crenças e práticas são organizadas, especialmente em relação ao tempo. A tradição reflete um modo distinto de estruturação da temporalidade (que também tem implicações diretas para a ação através do espaço). A noção de Lévi-Strauss de "tempo reversível" é central ao entendimento da temporalidade das crenças e atividades tradicionais. O tempo reversível é a temporalidade da repetição e é governado pela lógica da repetição – o passado é um meio de organizar o futuro. A orientação para o passado que é característica da tradição não difere da perspectiva da modernidade apenas em ser voltada para trás ao invés de para frente; esta é de fato uma maneira muito rudimentar de expressar o contraste. Pelo contrário, nem "o passado" nem "o futuro" são um fenômeno discreto, separado do "presente contínuo", como no caso da perspectiva moderna. O tempo passado é incorporado às práticas presentes, de forma que o horizonte do futuro se curva para trás para cruzar com o que se passou antes.

A tradição é rotina. Mas ela é rotina que é intrinsecamente significativa, ao invés de um hábito por amor ao hábito, meramente vazio. O tempo e o espaço não são as dimensões sem conteúdo que se tornaram com o desenvolvimento da modernidade, mas estão contextualmente implicados na natureza das atividades vividas. Os significados das atividades rotineiras residem no respeito, ou até reverência geral intrínseca à tradição e na conexão da tradição com o ritual. O ritual tem frequentemente um aspecto compulsivo, mas ele é também profundamente reconfortante pois impregna um conjunto dado de práticas com uma qualidade sacramental. A tradição, em suma, contribui de maneira básica para a segurança ontológica na medida em que mantém a confiança na continuidade do passado, presente e futuro, e vincula esta confiança a práticas sociais rotinizadas.

Especificar estes diversos contextos da confiança em culturas pré-modernas não é dizer que os cenários tradicionais eram psicologicamente aconchegantes, enquanto os modernos não são. Existem alguns aspectos bem definidos em que os níveis de insegurança ontológica são mais elevados no mundo moderno do que na maioria das circunstâncias da vida social pré-moderna, por razões que tentarei identificar. Ainda assim, os cenários das culturas tradicionais eram de uma maneira genérica repletos de ansiedades e incertezas. Refiro-me a estas, tomadas em conjunto, como o ambiente de risco característico do mundo pré-moderno.

O ambiente de risco das culturas tradicionais era dominado pelas vicissitudes do mundo físico. A famosa observação de Hobbes de que, num estado de natureza, a vida humana seria "detestável, brutal e curta" não é imprecisa se for lida como uma descrição das circunstâncias da vida real de muitos indivíduos em culturas pré-modernas. As taxas de mortalidade infantil bem como da morte de mulheres durante o parto eram, pelos padrões modernos, extremamente elevadas. Para os que sobreviviam à infância, a expectativa de vida era relativamente curta e muitas pessoas sofriam de doenças crônicas e eram vulneráveis a moléstias infecciosas de vários tipos. Há indícios de que caçadores e coletores, especialmente os que habitavam áreas naturalmente abundantes, podem ter estado menos sujeitos a moléstias infecciosas do que os indivíduos que viviam em comunidades locais fixas ou áreas urbanas em sociedades pré-modernas maiores,[13] mas mesmo eles certamente não estavam livres da gama de doenças endêmicas que abundavam nos tempos pré-modernos. Todos os tipos

---

13. Donald L. Patrick e Graham Scambler, eds., *Sociology as Applied to Medicine* (New York: Macmillan, 1982).

de ordem social pré-moderna eram afetados, frequentemente de maneira drástica, pelas inconstâncias climáticas e dispunham de pouca proteção contra desastres naturais como inundações, tormentas, chuva excessiva ou secas.

À natureza instável da vida social em relação ao mundo físico é preciso acrescentar, como uma outra fonte de insegurança, a preponderância da violência humana. Os contrastes principais a serem traçados aqui são entre as ordens sociais pré-modernas maiores e o universo social moderno. O nível de violência dentro das e entre as culturas de caçadores e coletores aparece geralmente como tendo sido bem baixo, e não existiam guerreiros especializados. Com o advento da soldadesca armada, a situação é bem diferente. A maior parte dos Estados agrários se baseava de maneira bem direta no poder militar. Como foi mencionado anteriormente, nesses Estados, o monopólio do controle dos meios de violência por parte das autoridades governamentais estava sempre longe de ser completo. Tais Estados não estavam nunca internamente pacificados pelos padrões dos Estados-nação modernos. Poucos grupos na população podiam sentir-se seguros por longos períodos da violência ou da ameaça de violência por parte de exércitos invasores, bandoleiros, senhores da guerra locais, salteadores, ladrões ou piratas. Os meios urbanos modernos são frequentemente considerados perigosos devido ao risco de um ataque ou assalto. Mas não apenas é este nível de violência caracteristicamente menor se comparado com muitos cenários pré-modernos; tais meios são apenas bolsões relativamente pequenos dentro de áreas territoriais maiores, nas quais a segurança contra a violência física é imensamente maior do que jamais foi possível em regiões de tamanho comparável no mundo tradicional.

Temos, finalmente, que dar atenção especial à influência dual da religião. Se as crenças e práticas religiosas fornecem comumente um refúgio das tribulações da vida cotidiana, elas também podem, como já notamos, ser uma fonte intrínseca de ansiedade e apreensão mental. Isto se deve em parte ao fato de que a religião permeia muitos aspectos da atividade social — as ameaças e perigos da natureza, por exemplo, podem ser vivenciados através dos códigos e símbolos da religião. Principalmente, porque a religião ocupa, nesse caso, o próprio local psicológico da ansiedade existencial potencial. Até onde a religião cria seus próprios terrores específicos neste local é sem dúvida bastante variável. Provavelmente aquelas formas de crença e prática religiosas que Weber chamou de "religiões de salvação" são as mais propensas a contaminar a vida cotidiana com temores existenciais, invocando, como elas fazem, uma tensão entre pecado e a promessa de salvação num além-mundo.

Com o desenvolvimento das instituições sociais modernas, persiste um pouco de equilíbrio entre confiança e risco, segurança e perigo. Mas os elementos principais envolvidos são bastante diferentes dos que predominavam na era pré-moderna. Em condições de modernidade, assim como em todos os cenários culturais, as atividades humanas permanecem situadas e contextualizadas. Mas o impacto das três grandes forças dinâmicas da modernidade — a separação de tempo e espaço, os mecanismos de desencaixe e a reflexividade institucional — desengaja certas formas básicas de relações de confiança dos atributos de contextos locais.

Nenhum dos quatro principais focos de confiança e segurança ontológica nos cenários pré-modernos tem uma importância comparável em circunstâncias de modernidade. As relações de parentesco, para a maioria da população, permanecem importantes, especialmente no interior da família nuclear, mas já não são os veículos de laços sociais intensamente organizados através do tempo-espaço. Esta afirmação é indiscutivelmente válida, a despeito da cautela com que se deve ver a tese de que a modernidade produz o declínio da família, e a despeito também do fato de que alguns meios locais continuam a ser o eixo de substanciais redes de parentesco de direitos e obrigações.

O primado do lugar nos cenários pré-modernos tem sido destruído em grande parte pelo desencaixe e pelo distanciamento tempo-espaço. O lugar se tornou fantasmagórico porque as estruturas através das quais ele se constitui não são mais organizadas localmente. O local e o global, em outras palavras, tornaram-se inextrincavelmente entrelaçados. Sentimentos de ligação íntima ou identificação com lugares ainda persistem. Mas eles mesmos estão desencaixados: não expressam apenas práticas e envolvimentos localmente baseados, mas se encontram também salpicados de influências muito mais distantes. Até a menor das lojas da vizinhança, por exemplo, pode muito bem obter suas mercadorias de todas as partes do mundo. A comunidade local não é um ambiente saturado de significados familiares, tidos como garantidos, mas em boa parte uma expressão localmente situada de relações distanciadas. E todos os que vivem nos diferentes locais das sociedades modernas estão cônscios disto. Qualquer que seja a segurança que os indivíduos vivenciam como um resultado da familiaridade do lugar reside tanto nas formas estáveis de relações desencaixadas quanto nas particularidades de localização. Se isto é mais óbvio quando se fazem compras no supermercado local do que na mercearia da esquina, a diferença não é fundamental.[14]

O impacto decrescente da religião e da tradição tem sido discutido com tanta frequência na literatura das ciências sociais que podemos lidar com isto em breve. A secularização é sem dúvida uma questão complexa e não parece resultar no desaparecimento completo do pensamento e atividade religiosos – provavelmente

---

14. Ver Joshua Mayrowitz, *No Sense of Place* (Oxford: Oxford University Press, 1985); Robert D. Sack, "The Consumer's World: Place as Context", *Annals of the Association of American Geographers* 78 (1988).

por causa do poder da religião sobre algumas das questões existenciais vistas acima. No entanto, a maior parte das situações da vida social moderna é manifestamente incompatível com a religião como uma influência penetrante sobre a vida cotidiana. A cosmologia religiosa é suplantada pelo conhecimento reflexivamente organizado, governado pela observação empírica e pelo pensamento lógico, e focado sobre tecnologia material e códigos aplicados socialmente. Religião e tradição sempre tiveram uma vinculação íntima, e esta última é ainda mais solapada do que a primeira pela reflexividade da vida social moderna, que se coloca em oposição direta a ela.

O "ambiente de risco" pré-moderno sofre transformações análogas. Em condição de modernidade, os perigos que enfrentamos não derivam mais primariamente do mundo da natureza. É claro, ciclones, terremotos e outras catástrofes naturais ainda ocorrem. Mas em sua maior parte, nossas relações com o mundo físico são radicalmente diferentes daquelas das épocas anteriores – especialmente nos setores industrializados do globo, mas em certo grau em toda parte. À primeira vista, os perigos ecológicos que enfrentamos atualmente podem parecer semelhantes às vicissitudes da natureza encontradas na era pré-moderna. O contraste, contudo, é muito nítido. Ameaças ecológicas são o resultado de conhecimento socialmente organizado, mediado pelo impacto do industrialismo sobre o meio ambiente material. São parte do que chamarei de um novo *perfil de risco* introduzido pelo advento da modernidade. Chamo de perfil de risco um elenco específico de ameaças ou perigos característicos da vida social moderna.

A ameaça de violência militar permanece parte do perfil de risco da modernidade. Entretanto, seu caráter mudou substancialmente em conjunção com a natureza alterada do controle dos meios de violência em relação à guerra. Vivemos hoje numa ordem militar global onde, como resultado da industrialização da guerra, a escala do poder destruidor do armamento espalhado através do mundo é maciçamente maior do que o que já existiu antes. A possibilidade de conflito nuclear coloca perigos que nenhuma geração anterior teve que enfrentar. No entanto este desenvolvimento coincidiu com processos de pacificação interna nos Estados. A guerra civil tornou-se um fenômeno relativamente incomum, se não desconhecido, nas nações desenvolvidas; mas nos tempos pré-modernos, ao menos depois do desenvolvimento inicial das organizações do Estado, algo aparentado à guerra civil – divisões de poder militar, acompanhadas por frequentes irrupções de conflito – era mais norma do que exceção.

O risco e o perigo, como vivenciados em relação à segurança ontológica, tornaram-se secularizados juntamente com a maior parte dos outros aspectos da vida social. Um mundo estruturado principalmente por riscos humanamente criados tem muito pouco lugar para influências divinas, ou de fato para as propiciações mágicas de forças ou espíritos cósmicos. É central para a modernidade que os riscos podem ser em princípio avaliados em termos de conhecimento generalizável sobre perigos potenciais – uma perspectiva na qual noções de *fortuna* sobrevivem no mais das vezes como formas marginais de superstição. Onde o risco é *conhecido* como sendo risco, ele é vivenciado de modo diferente do que em circunstâncias em que predominam noções de *fortuna*. Reconhecer a existência de um risco ou conjunto de risco é aceitar não só a possibilidade de que as coisas possam sair erradas, mas que esta possibilidade não pode ser eliminada. A fenomenologia de uma tal situação é parte da experiência cultural da modernidade em geral, discutida adiante mais detalhadamente. Mesmo onde a pressão da religião tradicional se afrouxa, contudo, concepções de destino não desaparecem inteiramente. Exatamente onde os riscos são maiores – ou em termos da probabilidade percebida de que um acontecimento indesejável vai ocorrer ou em termos das consequências devastadoras que decorrem se um evento dado sair errado – a *fortuna* tende a voltar.

IV
Sistemas abstratos e a transformação da intimidade

Os sistemas abstratos propiciaram uma boa dose de segurança na vida cotidiana que estava ausente nas ordens pré-modernas. Uma pessoa pode entrar a bordo de um avião em Londres e chegar a Los Angeles umas dez horas depois estando razoavelmente certa de que não só a viagem será feita em segurança, mas também de que o avião chegará bem próximo de um horário predeterminado. O passageiro pode talvez ter apenas uma vaga ideia de onde fica Los Angeles, em termos de um mapa global. Para se fazer a viagem é necessário apenas um mínimo de preparação (obtenção do passaporte, do visto, da passagem e dinheiro) – nenhum conhecimento da trajetória real é necessário. Uma grande quantidade de conhecimento do "ambiente" é requerida para embarcar no avião, e este é um conhecimento que foi filtrado dos sistemas peritos para o discurso e a ação de leigos. É preciso saber o que é um aeroporto, uma passagem aérea e muitas outras coisas. Mas a própria segurança na viagem não depende do domínio da parafernália técnica que a torna possível.

Compare-se isto com a tarefa de um aventureiro que fazia a mesma viagem há não mais de três ou quatro séculos atrás. Embora o "perito" fosse ele, poderia ter uma ideia muito vaga de *para onde* estava viajando – e a própria noção de "viagem" soa peculiarmente inaplicável. O percurso seria cheio de perigos, e o risco de desastre ou morte bastante considerável. Ninguém poderia participar de uma tal expedição sem ser fisicamente resistente, duro e possuidor de habilidades relevantes para a conduta da viagem. A cada vez que alguém saca dinheiro do banco ou faz um depósito, acende casualmente a luz ou abre uma torneira, envia uma carta ou passa um telefonema, está implicitamente reconhecendo as grandes áreas de ações e eventos seguros e coordenados que tornam possível a vida social moderna. É claro, todo tipo de pane e obstáculo pode surgir, dando origem a atitudes de ceticismo ou antagonismo que fazem com que os indivíduos se desliguem de um ou mais destes sistemas. Mas a maior parte do tempo, a maneira dada como segura com que as ações cotidianas são engrenadas em sistemas abstratos presta testemunho da eficácia com que estes operam (dentro dos contextos do que se espera deles, pois eles também produzem muitos tipos de consequências indesejáveis).

A confiança em sistemas abstratos é a condição do distanciamento tempo-espaço e das grandes áreas de segurança na vida cotidiana que as instituições modernas oferecem em comparação com o mundo tradicional. As rotinas que estão integradas aos sistemas abstratos são centrais à segurança ontológica em condições de modernidade. Contudo, esta situação cria também novas formas de vulnerabilidade psicológica, e a confiança em sistemas abstratos não é psicologicamente gratificante como a confiança em pessoas o é. Devo me deter aqui no segundo destes aspectos, voltando mais tarde ao primeiro. Para começar, quero adiantar os seguintes teoremas: que há uma conexão direta (embora dialética) entre as tendências globalizantes da modernidade e o que devo chamar de *transformação da intimidade* nos contextos da vida cotidiana; que a transformação da intimidade pode ser analisada em termos da adição de mecanismos de confiança; e que as relações de confiança pessoal, nestas circunstâncias, estão intimamente relacionadas à situação na qual a construção do eu se torna um projeto reflexivo.

AS CONSEQUÊNCIAS DA MODERNIDADE   127

Confiança e relações pessoais

No desenvolvimento inicial do indivíduo, a confiança básica em circunstâncias estáveis de autoidentidade e ambiente circundante – a segurança ontológica – não se baseia, numa primeira instância, sobre um senso de continuidade de coisas ou eventos. Ao contrário, como vimos notando, ela deriva da confiança pessoal e estabelece uma necessidade de confiança nos outros que resiste, sem dúvida, de uma maneira ou de outra, através da vida toda. A confiança nas pessoas, como enfatiza Erikson, é erigida sobre a mutualidade de resposta e envolvimento: a fé na integridade de um outro é uma fonte primordial de um sentimento de integridade e autenticidade do eu. A confiança em sistemas abstratos contribui para a confiabilidade da segurança cotidiana, mas por sua própria natureza ela não pode fornecer nem a mutualidade nem a intimidade que as relações de confiança pessoal oferecem. A este respeito as religiões tradicionais são completamente diferentes dos sistemas abstratos modernos, porque suas figuras personalizadas permitem uma transferência direta da confiança individual, com grandes elementos de mutualidade. No caso dos sistemas abstratos, em contraste, a confiança pressupõe fé em princípios impessoais, que "retrucam" apenas de uma maneira estatística quando não cumprem com os resultados buscados pelo indivíduo. Esta é uma das principais razões pelas quais os indivíduos nos pontos de acesso se esforçam para se mostrar confiáveis: eles proporcionam o elo entre a confiança pessoal e a do sistema.

Explicações sociológicas estabelecidas disto que chamo de transformação da intimidade têm no mais das vezes justaposto o caráter comunal das ordens tradicionais à impessoalidade da vida social moderna. Na apreensão desta distinção conceitual, o contraste entre *Gemeinschaft* e *Gesellschaft* de Ferdinand Tönnies é a fonte clássica; empregando ou não esta terminologia específica, outros traçaram uma oposição muito semelhante. Podemos distinguir aqui três maneiras principais pelas quais o contraste tem sido retomado ulteriormente, cada uma *grosso modo* vinculada a uma diferente posição política. Uma concepção, amplamente associada ao conservadorismo político, retrata o desenvolvimento da modernidade como rompendo as velhas formas de "comunidade", em detrimento das relações pessoais nas sociedades modernas. Este ponto de vista foi proeminente no fim do século XIX e ainda tem seus representantes hoje. Assim, Peter Berger, tomando emprestada uma noção de Arnold Gehlen, afirma que a esfera privada tornou-se "desinstitucionalizada", como resultado do predomínio de organizações burocráticas de larga escala e da influência geral da "sociedade de massas". A esfera da vida pública, por outro lado, tornou-se "excessivamente institucionalizada". O resultado é que a vida pessoal torna-se atenuada e privada de pontos de referência firmes: há uma volta para dentro, para a subjetividade humana, e o significado e a estabilidade são buscados no eu interior.[1]

Ideias algo semelhantes têm sido adiantadas por autores situados no outro lado do espectro político, às vezes influenciados diretamente pelo marxismo. Embora sua linguagem seja menos a de "sociedade de massas" e mais a de capitalismo e transformação em mercadoria, sua tese geral não é totalmente diferente da do primeiro grupo de autores. As instituições modernas são vistas como tendo assumido grandes áreas da vida social despojando-as do conteúdo significativo que elas já tiveram. A esfera privada é deste modo deixada enfraquecida e amorfa, mesmo considerando-se que muitas das satisfações primordiais da vida devem ser nela encontradas porque o mundo da "razão instrumental" é intrinsecamente limitado em termos dos valores de que pode conceber. A análise de Jürgen Habermas da separação dos sistemas técnicos

---

1. Peter Berger, *The Homeless Mind* (New York: Randon House, 1973).

do mundo da vida é uma variante desta posição,[2] da mesma forma que a concepção colocada por Max Horkheimer uma geração antes. Falando de amizade e intimidade, Horkheimer afirma que no capitalismo organizado "a iniciativa pessoal desempenha um papel sempre menor em comparação aos planos daqueles com autoridade"; no engajamento pessoal com outros "resta no máximo um passatempo, uma distração sem importância".[3]

A ideia do declínio da comunidade tem sido eficazmente criticada à luz de pesquisa empírica em regiões urbanas, e muita coisa se concluiu sobre essas investigações no sentido de questionar estas duas posições. Desta forma, criticando a interpretação de Louis Wirth da natureza anônima da vida urbana, Claude Fischer procurou mostrar que as cidades modernas fornecem os meios de gerar novas formas de vida comunal, em grande parte não disponíveis nos cenários pré-modernos.[4] Segundo os proponentes desta terceira concepção, a vida comunal manobra no sentido de sobreviver sob circunstâncias modernas ou torna-se ativamente ressurgente.

Uma das dificuldades principais neste debate diz respeito aos termos pelos quais ele tem sido conduzido. O "comunal" tem sido oposto ao "social", o "impessoal" com o "pessoal" – e, a partir de uma perspectiva um tanto diferente, o "Estado" com a "sociedade civil" – como se estas fossem todas variantes da mesma coisa. Mas a noção de comunidade, como a aplicada às culturas pré-modernas ou modernas, compreende diversos conjuntos de elementos que devem ser distinguidos. Eles podem ser relações comunais *per*

---
2. Jürgen Habermas, *The Theory of Communicative Action*, vol. 2 (Cambridge, Eng.: Polity, 1987).
3. Max Harkheimer, *Critique of Instrumental Reason* (New York: Seabury, 1974), p.94.
4. Claude Fischer, *To Dwell Among Friends* (Berkeley: University of California Press, 1982).

se (de que já tratei primordialmente em relação ao lugar); laços de parentesco; relações de intimidade pessoal entre pares (amizade); e relações de intimidade sexual. Se os desembaraçamos, podemos desenvolver um ponto de vista diferente a partir de cada um. No sentido de uma afinidade encaixada ao lugar, a "comunidade" tem sido de fato em grande parte destruída, embora se possa discutir o quão longe foi este processo em contextos específicos. Como observa Robert Sack:

> Para ser um agente, é preciso estar em algum lugar. Este sentido de lugar básico e integrativo veio a ser fragmentado em partes complexas, contraditórias e desorientadoras. O espaço está se tornando muito mais integrado e no entanto territorialmente fragmentado. Lugares são específicos ou únicos, embora em muitos sentidos eles pareçam genéricos e iguais. Lugares parecem estar "lá fora", e no entanto são construídos humanamente... Nossa sociedade armazena informação sobre lugares, e contudo temos pouco senso de lugar. E as paisagens que resultam dos processos modernos parecem ser pastiches, desorientadores, inautênticos e justapostos.[5]

Uma conclusão paralela deve ser colocada a propósito do parentesco, por razões já mencionadas. A demonstração de que laços de parentesco de certos tipos permanecem fortes em alguns contextos nas sociedades modernas dificilmente significa que o parentesco desempenha o papel que já desempenhou na estruturação da vida cotidiana para a maioria das pessoas.

Mas como estas mudanças afetaram as relações de intimidade pessoal e sexual? Pois estas não são apenas simples extensões da organização da comunidade ou do parentesco. A amizade foi pouco estudada pelos sociólogos, mas ela proporciona uma pista importante para fatores de amplo alcance que influenciam a vida pessoal.[6]

---

5. Sack, *Consumer's World*, p.642.
6. Ver, sobre esta questão, Silver, "Trust"; Alan Silver, "Friendship in Social Theory: Personal Relations in Classic Liberalism", mimeo (Dept. of Socio-

Temos de compreender o caráter da amizade em contextos pré-modernos precisamente em associação com a comunidade local e o parentesco. A confiança nos amigos (o termo oposto em tais contextos sendo "inimigos") era frequentemente de importância central. Nas culturas tradicionais, com a exceção parcial de algumas vizinhanças citadinas em Estados agrários, havia uma divisão bem clara entre os de dentro e os de fora ou estranhos. As amplas arenas de interação não hostil com outros anônimos, característica da atividade social moderna, não existia. Nestas circunstâncias, a amizade era frequentemente institucionalizada e era vista como um meio de criar alianças mais ou menos duradouras com outros contragrupos externos potencialmente hostis.

Amizades institucionalizadas eram essencialmente formas de camaradagem, assim como fraternidades de sangue ou companheiros de armas. Institucionalizada ou não, a amizade era caracteristicamente baseada em valores de sinceridade e honra. Sem dúvida companheirismos mantidos através de calor emocional e lealdade puramente pessoal existiram em todas as culturas. Mas no mundo pré-moderno as amizades sempre tendiam a ser postas a serviço de esforços arriscados em que os laços de parentesco ou comunal eram insuficientes para fornecer os recursos necessários – no estabelecimento de conexões econômicas, vingança de transgressões, engajamento em guerras e em muitas outras atividades. A sinceridade é obviamente possível de ser uma virtude altamente valorizada em circunstâncias onde as linhas divisórias entre amigo e inimigo eram geralmente distintas e tensas. Códigos de honra eram com efeito garantias públicas de sinceridade, mesmo os "prometidos" que a relação de amizade exigia que se cumprisse, a punham sob grande tensão.

---

logy, Columbia University); and Graham Allan, *A Sociology of Friendship and Kinship* (London: Allen and Unwin, 1979).

A vasta extensão de sistemas abstratos (incluindo Os Mercados de Futuro) associada à modernidade transforma a natureza da amizade. A amizade é com frequência um modo de reencaixe, mas ela não está diretamente envolvida nos próprios sistemas abstratos, que superam explicitamente a dependência a laços pessoais. O oposto de "amigo" já não é mais "inimigo", nem mesmo "estranho"; ao invés disto é "conhecido", "colega", ou "alguém que não conheço". Acompanhando esta transição, a honra é substituída pela lealdade que não tem outro apoio a não ser o afeto pessoal, e a sinceridade é substituída pelo que podemos chamar de *autenticidade*: a exigência de que o outro seja aberto e bem-intencionado. Um amigo não é alguém que sempre fala a verdade, mas alguém que protege o bem-estar emocional do outro. O "bom amigo" – alguém cuja benevolência é disponível mesmo em tempos difíceis – é o substituto nos dias de hoje para o "honorável companheiro".

Podemos relacionar esta análise de uma maneira direta à discussão da confiança. Em cenários pré-modernos, a confiança básica é fendida em relações de confiança na comunidade, laços de parentesco e amizades. Embora todas estas conexões sociais possam envolver intimidade emocional, isto não é uma condição da manutenção de confiança pessoal. Laços pessoais institucionalizados e códigos de sinceridade e honra informais ou informalizados fornecem estruturas de confiança (potenciais, de modo algum sempre reais). Inversamente, a confiança pessoal nos outros é um meio fundamental por onde relações sociais de um tipo distanciado, que se estendem até "territórios inimigos", são estabelecidas.

Confiança e identidade pessoal

Com o desenvolvimento dos sistemas abstratos, a confiança em princípios impessoais, bem como em outros anônimos, torna-

-se indispensável à existência social. A confiança impessoalizada deste tipo é discrepante da confiança básica. Há uma forte necessidade psicológica de achar outros em quem confiar, mas as conexões pessoais institucionalmente organizadas estão faltando em relação às situações sociais pré-modernas. A questão aqui *não* é primordialmente a de que muitas características sociais que faziam parte anteriormente da vida cotidiana ou do "mundo da vida" foram retiradas e incorporadas a sistemas abstratos. Pelo contrário, o tecido e a forma da vida cotidiana foram remodelados em conjunção com outras grandes mudanças sociais. As rotinas que são estruturadas por sistemas abstratos têm um caráter vazio, amoralizado – isto vale também para a ideia de que o impessoal submerge cada vez mais o pessoal. Mas não se trata simplesmente de uma diminuição da vida pessoal em prol de sistemas impessoalmente organizados – mas de uma transformação genuína da própria natureza do pessoal. Relações pessoais cujo principal objetivo é a sociabilidade, informadas pela lealdade e autenticidade, tornam-se uma parte das situações sociais de modernidade da mesma forma que as instituições abrangentes de distanciamento tempo-espaço.

É bastante errôneo, contudo, realçar a impessoalidade dos sistemas abstratos contra as intimidades da vida pessoal como a maior parte das explicações sociológicas correntes tendem a fazer. A vida pessoal e os laços sociais que ela envolve estão profundamente entrelaçados com os sistemas abstratos de mais longo alcance. Tem sido há muito o caso, por exemplo, de as dietas ocidentais refletirem intercâmbios econômicos globais: "cada xícara de café contém em si toda a história do imperialismo ocidental". Com a globalização acelerada dos últimos cinquenta anos mais ou menos, as conexões entre vida pessoal do tipo mais íntimo e mecanismos de desencaixe se intensificaram. Como observou Ulrich Beck: "O que há de mais íntimo – digamos, amamentar uma criança – e de mais distante, mais geral – um acidente nuclear na Ucrânia, política energética – estão agora, de súbito, *diretamente* conectados".[7]

O que significa isto em termos de confiança pessoal? A resposta a esta questão é fundamental para a transformação da intimidade no século XX. A confiança em pessoas não é enfocada por conexões personalizadas no interior da comunidade local e das redes de parentesco. A confiança pessoal torna-se um projeto, a ser "trabalhado" pelas partes envolvidas, e requer a *abertura do indivíduo para o outro*. Onde ela não pode ser controlada por códigos normativos fixos, a confiança tem que ser *ganha*, e o meio de fazê-lo consiste em abertura e cordialidade demonstráveis. Nossa preocupação peculiar com "relacionamentos", no sentido em que a palavra é agora tomada, é expressiva deste fenômeno. Relacionamentos são laços baseados em confiança, onde a confiança não é pré-dada mas trabalhada, e onde o trabalho envolvido significa um *processo mútuo de autorrevelação*.

Dada a força das emoções associadas à sexualidade, dificilmente chega a surpreender que os envolvimentos eróticos tornem-se um ponto focal para esta autorrevelação. A transição para as formas modernas de relações eróticas é tida geralmente como associada à formação de um *ethos* de amor romântico, ou ao que Lawrence Stone chama de "individualismo afetivo". O ideal do amor romântico é descrito com competência por Stone como se segue:

> a noção de que há apenas uma pessoa no mundo com a qual pode-se unir em todos os níveis; a personalidade dessa pessoa é tão idealizada que as falhas e tolices da natureza humana desaparecem de vista; o amor é como um relâmpago e atinge à primeira vista; o amor é a coisa mais importante no mundo, em relação a qual todas as outras considerações, particularmente as

---

7. Ulrich Beck, "The Anthropological Shock: Chernobyl and the Contours of the Risk Society", *Berkeley Journal of Sociology* 32 (1987).

materiais, devem ser sacrificadas; e por último, entregar as rédeas a emoções pessoais é admirável, não importa o quão exagerada e absurda a conduta resultante possa parecer aos outros.[8]

Assim caracterizado, o amor romântico incorpora um feixe de valores dificilmente imaginável em sua totalidade. Ao invés de ser um *ethos* associado de maneira contínua à ascensão das instituições modernas, ele parece essencialmente ter sido um fenômeno de transição, vinculado a uma fase relativamente inicial na dissolução das formas mais antigas de casamento arranjado. Aspectos do "complexo de amor romântico", como descritos por Stone, têm demonstrado ser bastante duráveis, mas cada vez mais emaranhados com as dinâmicas de confiança pessoal acima descritas. As relações eróticas envolvem um percurso progressivo de descoberta mútua, em que um processo de autorrealização de quem ama é tanto uma parte da experiência quanto a intimidade crescente com quem é amado. A confiança pessoal, por conseguinte, tem que ser estabelecida através do processo de autoquestionamento: a descoberta de si torna-se um projeto diretamente envolvido com a reflexividade da modernidade.

Interpretações da busca da autoidentidade tendem a divergir da mesma forma que as concepções do declínio da comunidade, às quais estão frequentemente vinculadas. Alguns veem a preocupação com o autodesenvolvimento como uma ramificação do fato de que as velhas ordens comunais foram rompidas, produzindo uma preocupação narcisista, hedonista, com o ego. Outros chegam à mesma conclusão, mas relacionam este fim a formas de manipulação social. A exclusão da maioria das arenas onde as políticas de maior consequência são elaboradas e as decisões to-

---

8. Lawrence Stone, *The Family, Sex and Marriage in England 1500-1800* (London: Weidenfeld, 1977), p.282.

madas forçam uma concentração sobre o eu; este é um resultado da falta de poder que a maioria das pessoas sente. Nas palavras de Christopher Lasch:

> Conforme o mundo vai assumindo um aspecto cada vez mais ameaçador, a vida torna-se uma interminável busca de saúde e bem-estar através de exercícios, dietas, drogas, regimes espirituais de vários tipos, autoajuda psíquica e psiquiatria. Para aqueles que perderam o interesse pelo mundo exterior, exceto na medida em que ele permanece uma fonte de gratificação e frustração, o estado de sua própria saúde torna-se uma preocupação totalmente absorvente.[9]

É a busca da autoidentidade uma forma algo patética de narcisismo, ou ela é, ao menos em parte, uma força subversiva quanto às instituições modernas? A maior parte do debate sobre o tema tem se concentrado nesta questão, e devo voltar a ela no final deste estudo. Mas por enquanto devemos notar que há algo errôneo na afirmação de Lasch. Uma "busca de saúde e bem-estar" dificilmente soa compatível com "perderam o interesse pelo mundo exterior". Os benefícios do exercício ou da dieta não são descobertas pessoais mas vêm da recepção por parte do leigo, do conhecimento perito, como ocorre no apelo da terapia ou da psiquiatria. Os regimes espirituais em questão podem ser um conjunto eclético, mas incluem religiões e cultos de várias partes do mundo. O mundo exterior não apenas entra aqui; ele é um mundo exterior vastamente mais extensivo em função daquilo com o que qualquer um possa ter tido contato na era pré-moderna.

Sumariando tudo isto, a transformação da intimidade envolve o seguinte:

---

9. Christopher Lasch, *Haven in a Heartless World* (New York: Basic, 1977), p.140. Ver também o seu *The Minimal Self* (London: Picador, 1985), no qual a formulação do narcisismo é aguçada e o tema do "sobrevivencialismo", desenvolvido mais extensamente.

1. Uma relação intrínseca entre as *tendências globalizantes* da modernidade e *eventos localizados* na vida cotidiana – uma conexão dialética, complicada, entre o "extensional" e o "intensional".
2. A construção do eu como um *projeto reflexivo*, uma parte elementar da reflexividade da modernidade; um indivíduo deve achar sua identidade entre as estratégias e opções fornecidas pelos sistemas abstratos.
3. Um impulso para a autorrealização, fundamentado na *confiança básica*, que em contextos personalizados só pode ser estabelecida por uma "abertura" do eu para o outro.
4. A formação de laços pessoais e eróticos como "relacionamentos", orientados pela *mutualidade de autorrevelação*.
5. Uma *preocupação com a autossatisfação*, que não é apenas uma defesa narcisista contra um mundo externo ameaçador, sobre os quais os indivíduos têm pouco controle, mas também em parte uma *apropriação positiva* de circunstâncias nas quais as influências globalizadas invadem a vida cotidiana.

Risco e perigo no mundo moderno

Como deveríamos procurar analisar o "aspecto ameaçador" do mundo contemporâneo de que fala Lasch? Para fazê-lo é preciso olhar mais detalhadamente para o perfil de risco específico à modernidade, que pode ser delineado da seguinte maneira:
1. *Globalização do risco* no sentido de *intensidade*: por exemplo, a guerra nuclear pode ameaçar a sobrevivência da humanidade.
2. *Globalização do risco* no sentido da *expansão da quantidade de eventos contingentes que afetam todos* ou ao menos grande quantidade de pessoas no planeta: por exemplo, mudanças na divisão global do trabalho.

3. Risco derivado do *meio ambiente criado*, ou *natureza socializada*: a infusão de conhecimento humano no meio ambiente material.

4. O desenvolvimento de *riscos ambientais institucionalizados* afetando as possibilidades de vida de milhões: por exemplo, mercados de investimentos.

5. *Consciência do risco como risco*: as "lacunas de conhecimento" nos riscos não podem ser convertidas em "certezas" pelo conhecimento religioso ou mágico.

6. A *consciência bem distribuída do risco*: muitos dos perigos que enfrentamos coletivamente são conhecidos pelo grande público.

7. *Consciência das limitações da perícia*: nenhum sistema perito pode ser inteiramente perito em termos das consequências da adoção de princípios peritos.

Se, por um lado, os mecanismos de desencaixe proporcionaram grandes áreas de segurança no mundo de hoje, o novo elenco de riscos que por ali foram trazidos à vida é realmente formidável. As formas principais que classifiquei podem ser separadas entre aquelas que alteram a distribuição objetiva de riscos (os quatro primeiros itens da classificação) e aquelas que alteram a vivência do risco ou a percepção dos riscos percebidos (os três itens remanescentes).

O que chamei de intensidade de risco é certamente o elemento básico no "aspecto ameaçador" das circunstâncias em que vivemos hoje. A possibilidade de guerra nuclear, calamidade ecológica, explosão populacional incontrolável, colapso do câmbio econômico global, e outras catástrofes globais potenciais, fornecem um horizonte inquietante de perigos para todos. Como Beck comentou, riscos globalizados deste tipo não respeitam divisões entre ricos e pobres ou entre regiões do mundo. O fato de que "Chernobyl está em toda parte" explica claramente o que ele chama de "o fim dos 'outros'" – fronteiras entre os que são privilegiados e os que não são. A intensidade global de certos tipos de risco transcende todos os diferenciais sociais e econômicos.[10] (É claro, isto não deve nos cegar para o fato de que, em condições de modernidade, como no mundo pré-moderno, muitos riscos são diferentemente distribuídos entre os privilegiados e os despossuídos. O risco diferencial – em relação, por exemplo, a níveis de nutrição e suscetibilidade a moléstias – é uma grande parte do que realmente é tido como "privilégio" e "despossessão".)

A guerra nuclear é potencialmente o mais imediato e catastrófico de todos os perigos globais correntes. Desde o início da década de 1980, reconhece-se que os efeitos climáticos e ambientais de um confronto nuclear bastante limitado poderiam ter um grande alcance. A detonação de um pequeno número de ogivas poderia produzir danos ambientais irreversíveis que poriam em perigo a vida de todas as espécies animais complexas. O limiar para a ocorrência de um "inverno nuclear" foi calculado entre 500 e 2.000 ogivas – menos de dez por cento do total possuído pelas nações nucleares. Ele está abaixo do número possuído durante a década de 1950.[11] Esta circunstância justifica inteiramente a afirmação de que em tal contexto, não existem mais "outros": tanto os combatentes quanto os que não estão envolvidos sofrerão.

A segunda categoria de riscos globalizados se refere à extensão planetária dos ambientes de risco, ao invés de uma intensificação dos riscos. Todos os mecanismos de desencaixe tiram as coisas das mãos de quaisquer indivíduos ou grupos específicos; e quanto mais esses mecanismos forem de escopo global, mais tendem a ser assim. A despeito dos altos níveis de segurança que os mecanismos globalizados podem propiciar, o outro lado da moeda é que novos riscos surgiram: recursos ou serviços já não estão mais sob

---

10. Ulrich Beck, *Risikogesellschaft: Auf dem Weg in eine andere Moderne* (Frankfurt: Suhrkamp, 1986), p.7.
11. Owen Green et al., *Nuclear Winter* (Cambridge, Eng.: Polity, 1985).

controle local e não podem portanto ser localmente reordenados no sentido de irem ao encontro de contingências inesperadas, e há o risco de que o mecanismo como um todo possa emperrar, afetando assim a todos que comumente fazem uso dele. Desta forma, alguém que tenha aquecimento central a óleo e nenhuma lareira é particularmente vulnerável a mudanças no preço do óleo. Em circunstâncias como a "crise do petróleo" de 1973, produzida como resultado das ações do cartel da OPEP, todos os consumidores de produtos do petróleo foram afetados.

As duas primeiras categorias no perfil de risco se referem ao escopo dos ambientes de risco; as duas seguintes têm a ver com mudanças no tipo de ambiente de risco. A categoria do ambiente criado, ou "natureza socializada"[12] se refere ao caráter alterado da relação entre seres humanos e o ambiente físico. A variedade de perigos ecológicos nesta categoria deriva da transformação da natureza por sistemas de conhecimentos humanos. A simples quantidade de riscos sérios ligados à natureza socializada é bem assustadora: a radiação a partir de acidentes graves em usinas nucleares ou do lixo atômico; a poluição química nos mares suficiente para destruir o plâncton que renova uma boa parte do oxigênio na atmosfera; um "efeito estufa" derivando dos poluentes atmosféricos que atacam a camada de ozônio, derretendo parte das calotas polares e inundando vastas áreas; a destruição de grandes áreas de floresta tropical que são uma fonte básica de oxigênio renovável; e a exaustão de milhões de acres de terra fértil como resultado do uso intensivo de fertilizantes artificiais.

Outras eventualidades significativas podem ser mencionadas. De passagem, devemos notar duas coisas em relação a esta lista e em relação ao risco de guerra nuclear. Uma é o sentimento de insensibilidade, quase de tédio, que tal lista é passível de induzir no

---

12. Ver Beck, *Risikogesellschaft*.

leitor – um fenômeno que se relaciona ao sexto item no perfil de risco, o fato de que a consciência dos muitos tipos de riscos generalizados se encontra hoje disseminada entre a maioria da população. Mesmo a observação desta insensibilidade tornou-se algo como um lugar-comum: "Fazer uma lista dos perigos que enfrentamos tem em si um efeito amortecedor. Torna-se uma litania que é ouvida apenas vagamente por parecer tão familiar. Somos bombardeados constantemente com estes problemas, de modo que eles se tornaram, em sua intratabilidade, parte do segundo plano".[13] A segunda questão é que virtualmente todos os riscos mencionados, inclusive o risco de guerra nuclear, são controversos em termos de qualquer avaliação que possa ser feita de probabilidades estritas. Nunca podemos estar seguros de que a dissuasão "funciona", a não ser com a ocorrência real de um confronto nuclear – que mostraria que não; a hipótese de um inverno nuclear permanecerá enquanto tal a menos que sua ocorrência real torne qualquer consideração totalmente irrelevante. Devo voltar a estas observações mais adiante, na medida em que ambas são importantes em relação à vivência e percepção do risco.

Dentro das diversas esferas das instituições modernas, os riscos não existem apenas como casualidades resultantes de operações imperfeitas de mecanismos de desencaixe, mas também como arenas de ação "fechadas", institucionalizadas. Nessas esferas, como foi mencionado antes, os riscos são na verdade criados por formas normativamente sancionadas de atividades – como no caso dos jogos de azar ou esportes. Os mercados de investimentos representam facilmente o exemplo mais proeminente na vida social moderna. Todas as firmas de negócios, com exceção de certos tipos de indústria nacionalizada, e todos os investidores, operam num ambiente onde cada um tem que prever os lances dos outros no sentido de maximi-

---

13. Joe Bailey, *Pessimism* (London: Routledge, 1988).

zar os lucros. As incertezas envolvidas nas decisões de investimento derivam em parte das dificuldades de antecipar eventos extrínsecos, tais como inovações tecnológicas, mas fazem parte também da natureza dos próprios mercados. Como uma abordagem à análise social, a teoria dos jogos provavelmente funciona melhor quando aplicada a tais situações, nas quais os agentes estão tentando prever os lances dos outros, sabendo que ao mesmo tempo esses outros estão tentando prever os seus. Entretanto, há várias outras circunstâncias nas quais esta situação se aplica – em certos aspectos dos procedimentos eleitorais, por exemplo, e mais notavelmente, na corrida armamentista entre as duas superpotências. Se se exclui o próprio risco real de guerra, que deste ponto de vista é extrínseco, a corrida armamentista é baseada na tentativa mútua de previsão de lances, cada facção baseando suas estratégias sobre suas estimativas das prováveis estratégias da outra. Da mesma forma que a corrida armamentista, o ambiente de risco institucionalizado dos mercados não pode ser confinado à sua própria "esfera adequada". Não apenas riscos extrínsecos forçam a penetração, mas os resultados das decisões tomadas no interior da estrutura institucionalizada afetam constantemente os que estão do lado de fora. Embora eu não deva discutir isto no presente contexto, é algo de enorme interesse para a prosperidade econômica de muitos milhões de pessoas na medida em que a coordenação das decisões de investimento representa uma forma de racionalidade coletiva e na medida em que os mercados de investimentos são meras loterias, governadas pelos "espíritos animais" de Keynes.

Em termos da vivência do risco, poderia ser dito muito mais do que tenho a oportunidade de analisar aqui. Os três aspectos da consciência de risco indicados no perfil de risco acima, entretanto, são relevantes de forma imediata para os argumentos desenvolvidos, até aqui, neste estudo e nas seções subsequentes. O fato de que os riscos – incluindo sob este aspecto muitas formas diferentes de atividade – são geralmente aceitos pela população leiga *como sendo* riscos é um aspecto importante da disjuntura entre o mundo pré-moderno e o moderno. Empreendimentos de alto risco nas culturas tradicionais podem às vezes ter ocorrido num domínio secular mas, mais tipicamente, eram levados a cabo sob os auspícios da religião ou da magia. Até onde os indivíduos poderiam estar dispostos a confiar em religiões ou prescrições mágicas específicas em domínios de risco específicos era sem dúvida amplamente variável. Mas a religião e a magia propiciavam com bastante frequência um meio de se garantir quanto às próprias incertezas dos empreendimentos arriscados, traduzindo assim a vivência do risco em sensações de relativa segurança. Onde o risco é conhecido *como* risco, este modo de gerar confiança em ações arriscadas está indisponível por definição. Num meio predominantemente secular, há várias formas de tentar transmutar o risco em *fortuna* providencial, mas elas permanecem superstições desanimadas ao invés de apoios psicológicos realmente eficazes. Pessoas em ocupações contendo riscos de vida, como reparadores de chaminés ou campanários, ou em empreendimentos em que o resultado é estruturalmente indeterminado, como jogadores esportivos, muito frequentemente lançam mão de talismãs ou rituais supersticiosos, para "influenciar" o resultado do que fazem. Mas podem se tornar alvo de zombaria se fizerem isto em público.

Podemos considerar em conjunto os dois itens finais do perfil de risco. A difusão do conhecimento leigo dos ambientes modernos de risco leva à consciência dos limites da perícia e constitui um dos problemas de "relações públicas" que devem ser enfrentados por aqueles que procuram manter a confiança leiga em sistemas peritos. A fé que apoia a confiança em sistemas peritos envolve um bloqueio da ignorância da pessoa leiga quando posta diante de reivindicações de perícia; mas a compreensão das áreas de ignorância com que se deparam os próprios peritos, como praticantes individuais e em termos de campos totais de conhecimento, pode enfraquecer ou solapar essa fé da parte dos indivíduos leigos. Os peritos frequentemente assumem riscos "a serviço" dos clientes leigos, embora escondam ou camuflem a verdadeira natureza desses riscos, ou mesmo o fato de existirem riscos. Mais danoso que a descoberta por parte do leigo deste tipo de ocultamento é a circunstância em que a plena extensão de um determinado conjunto de perigos e dos riscos a eles associados não é percebida pelos peritos. Pois neste caso, o que está em questão não são apenas os limites do, ou os lapsos no, conhecimento perito, mas uma inadequação que compromete a própria ideia de perícia.[14]

Riscos e segurança ontológica

De que maneira este elenco de riscos interfere na confiança leiga em sistemas peritos e nos sentimentos de segurança ontológica? A linha de base para a análise tem que ser a *inevitabilidade* de viver com perigos que estão *longe* do controle não apenas por parte de indivíduos, mas também de grandes organizações, incluindo os Estados; e que são de *alta intensidade* e contêm *ameaça de vida* para milhões de seres humanos e potencialmente para toda a humanidade. O fato de que eles não são riscos que alguém *escolhe* correr, e de que não há, nos termos de Beck, "outros" que poderiam ser responsabilizados, atacados e inculpados, reforça o sentido de agouro tantas vezes notado como uma característica da época atual.[15]

---
14. A. J. Jouhar, ed., *Risk in Society* (London: Libbey, 1984); Jack Dowie e Paul Lefrere, *Risk and Chance* (Milton Keynes: Open University Press, 1980).
15. Cf. W. Warren Wagar, *Terminal Visions* (Bloomington: University of Indiana Press, 1982).

Tampouco surpreende que entre os que mantêm crenças religiosas, haja uma tendência a ver o potencial de desastre global como uma expressão da ira de Deus. Pois os riscos globais de grandes consequências que todos nós corremos atualmente são elementos básicos do caráter de descontrole, do carro de Jagrená* da modernidade, e nenhum indivíduo ou grupo específico é responsável por eles ou pode ser chamado a "pôr as coisas em ordem". Como podemos manter constantemente no primeiro plano de nossos pensamentos a visão de perigos tão ameaçadores e ainda por cima tão distantes de controle individual? A resposta é que a maioria de nós não pode. Pessoas que se preocupam o dia todo, todos os dias, com a possibilidade de guerra nuclear, como já foi notado, tendem a ser mentalmente perturbadas. Embora fosse difícil julgar irracional alguém que estivesse constante e conscientemente ansioso desta maneira, esta perspectiva paralisaria a vida cotidiana comum. Até uma pessoa que levanta o assunto numa reunião social pode ser considerada histérica ou *gauche*. No romance de Carolyn See, *Golden Days*, que termina nas consequências de uma guerra nuclear, o personagem principal fala de seu medo de um holocausto nuclear a um outro convidado num jantar:

> Ela tinha olhos grandes. Fixou-os em mim com uma tremenda concentração. – Sim, disse ela. – Compreendo o que você diz. Peguei a coisa. Mas será que seu medo de uma guerra nuclear não é uma metáfora para todos os *outros* temores que nos assolam hoje em dia?
> Minha cabeça nunca foi exatamente ótima. Mas às vezes ela estava boa. – Não, eu disse. E devo ter gritado isto naquela bonita e aconchegante sala. – Eu acho que os outros medos, todos aqueles dos quais falamos, são uma metáfora do meu medo da guerra nuclear!

---

* O termo vem do hindu *Jagannāth*, "senhor do mundo", e é um titulo de Krishna; um ídolo desta deidade era levado anualmente pelas ruas num grande carro, sob cujas rodas, conta-se, atiravam-se seus seguidores para serem esmagados.

Ela me olhou incrédula, mas foi poupada da dificuldade de uma resposta quando todos fomos chamados para uma ceia muito agradável.[16]

A incredulidade da convidada do jantar nada tem a ver com o argumento proferido; ela registra descrença que alguém possa ficar emocionado com uma tal questão num tal lugar. A grande maioria das pessoas não passa muito de seu tempo, ao menos conscientemente, preocupando-se com a guerra nuclear ou com qualquer outra das principais eventualidades das quais ela pode ou não ser uma metáfora. A necessidade de ir em frente com as coisas práticas, mais locais da vida, do dia a dia é sem dúvida uma razão, mas há muito mais envolvimento psicológico. Num ambiente secular, riscos de graves consequências e baixa probabilidade tendem a despertar novamente um senso de fortuna mais próximo à perspectiva pré-moderna do que o cultivado por superstições menores. Um senso de "destino", de tonalidade positiva ou negativa – uma vaga e generalizada sensação de confiança em eventos distantes sobre os quais não se tem controle – alivia o indivíduo do fardo do engajamento numa situação existencial que poderia de outra forma ser cronicamente perturbadora. O destino, uma sensação de que as coisas vão seguir, de qualquer forma, seu próprio curso, reaparece assim no centro de um mundo que se supunha estivesse assumindo controle racional de suas próprias questões. Ademais, isto certamente cobra, inconscientemente, um preço, na medida em que pressupõe essencialmente a repressão da ansiedade. A sensação de pavor, antítese da confiança básica tende a instalar sentimentos inconscientes sobre as incertezas enfrentadas pela humanidade como um todo.[17]

---

16. Carolyn See, *Golden days* (London: Arrow, 1989), p.126.
17. Robert Jay Lifton e Richard Falk, *Indefensible Weapons* (New York: Basic Books, 1982).

AS CONSEQUÊNCIAS DA MODERNIDADE 147

Os riscos de alta-consequência e baixa probabilidade não desaparecerão do mundo moderno, embora num cenário otimista eles possam ser minimizados. Assim, mesmo se fosse o caso de que todas as armas nucleares existentes fossem destruídas, nenhuma outra arma de força destruidora comparável fosse inventada, e nenhum distúrbio catastrófico comparável da natureza socializada assomasse, ainda existiria um perfil de perigo global. Pois se é aceito que não se conseguiria erradicar o conhecimento técnico estabelecido, o armamento nuclear poderia ser reconstruído a qualquer momento. Além disso, qualquer iniciativa tecnológica importante poderia perturbar inteiramente a orientação geral dos negócios mundiais. O efeito Jagrená é inerente à modernidade, por razões que devo minuciar na seção seguinte deste livro.

O caráter acentuadamente contrafatual da maior parte dos riscos consequentes está intimamente vinculado à insensibilidade que uma listagem deles tende a promover. Nos tempos medievais, a invenção do inferno e da danação como destino do incréu no além-mundo foi "real". Contudo as coisas são diferentes com a maioria dos perigos catastróficos que nos ameaçam hoje. Quanto maior for o perigo, mensurado não em termos de probabilidade de ocorrência mas em termos de sua ameaça generalizada à vida humana, mais inteiramente confratual ele é. Os riscos envolvidos são necessariamente "irreais", porque só poderíamos ter uma clara demonstração deles se ocorressem eventos que são demasiado terríveis de se contemplar. Eventos de escala relativamente pequena, como o bombardeio atômico de Hiroshima e Nagasaki ou os acidentes em Three Mile Island ou Chernobyl, nos dão alguma sensação do que poderia acontecer. Mas estes, de forma alguma, têm o caráter necessariamente contrafatual dos outros eventos mais cataclísmicos – que é a base principal de sua "irrealidade" e dos efeitos narcotizantes produzidos pela repetida listagem de riscos. Como observa Susan Sontag: "Um cenário moderno permanente:

o apocalipse assoma – e não ocorre. E ainda ele assoma... O apocalipse é agora um seriado de longa-metragem: não 'Apocalipse Agora', mas 'Apocalipse de Agora em Diante'".[18]

Reações de adaptação

Não está claro que haja diferenças significativas entre indivíduos leigos e peritos no que tange à gama de reações de adaptação ao perfil de risco da modernidade. Por razões já formuladas, a maior parte dos contrafatuais inquietantes não podem ser traduzidos para situações de teste empírico, e os peritos nos campos específicos em questão frequentemente tendem a estar tão divididos sobre eles quanto os indivíduos menos informados. As reações de adaptação possíveis parecem ser quádruplas.

A primeira pode ser chamada de *aceitação pragmática* e é a perspectiva descrita por Lasch. Ela envolve uma concentração, nos termos dele, em "sobreviver". O que está em questão aqui não é tanto uma retirada do mundo exterior como uma participação pragmática que mantém um enfoque nos problemas e tarefas do dia a dia. Raymond Williams fala desta orientação como o "Plano X", "uma nova política de vantagem estratégica" – a crença de que muito do que se passa no mundo moderno está fora do controle de qualquer um, de modo que tudo o que pode ser planejado ou esperado constitui ganho temporário. A seu ver, isto se aplica não somente às atitudes de muitas pessoas leigas, mas também aos domínios principais da ação estratégica, como a própria corrida armamentista.[19]

A aceitação pragmática não é desprovida de custos psicológicos, por razões já mencionadas. Ela implica um entorpecimento

---
18. Susan Sontag: *AIDS and Its Metaphors* (Harmondsworth: Penguin, 1989).
19. Raymond Williams, *Towards 2000* (London: Chatto, 1983).

que com frequência reflete uma profunda ansiedade subjacente, que em alguns indivíduos emerge conscientemente repetidas vezes. No estudo de Dorothy Rowe, de como a consciência da possibilidade de guerra nuclear afeta a vida cotidiana, uma reação típica é esta: "A única resposta honesta que posso lhe dar sobre como consigo viver com esta possibilidade é a de que não penso nisto, porque fazê-lo é atemorizante. Isto não funciona o tempo todo, é claro, e frequentemente tenho visões aterradoras do que aconteceria se estas armas fossem usadas".[20] A aceitação pragmática é compatível ou com um sentimento subjacente de pessimismo ou com a nutrição de esperança – que pode coexistir ambivalentemente com ela.

Uma segunda reação de adaptação pode ser denominada de *otimismo sustentado*, que é essencialmente a persistência das atitudes do Iluminismo, uma fé contínua na razão providencial a despeito de quaisquer ameaças de perigo atuais. Esta é a perspectiva daqueles peritos, por exemplo, que mantêm que como a dissuasão nuclear funcionou até aqui, vai continuar funcionando num futuro ilimitado; ou daqueles que têm criticado o cenário ecológico de "Juízo Final" em prol da concepção de que podem ser encontradas soluções sociais e tecnológicas para os principais problemas mundiais.[21] Para os indivíduos leigos, esta é uma perspectiva que continua a ter grande ressonância e apelo emocional, baseada como ela é, numa convicção de que o pensamento racional livre de grilhões e particularmente a ciência oferecem fontes de segurança a longo prazo que nenhuma outra orientação pode igualar. Entretanto, certos ideais religiosos também encontram prontamente uma afinidade eletiva com o otimismo sustentado.

---

20. Dorothy Rowe, *Living with the Bomb* (London: Routledge, 1985).
21. Ver, por exemplo, J. L. Simon e H. Kahn, *The Resourceful Earth* (Oxford: Blackwell, 1984).

Um conjunto oposto de atitudes é o do *pessimismo cínico*. Ao contrário da aceitação pragmática, este pressupõe um envolvimento direto com as ansiedades provocadas pelos perigos de altas-consequências. Cinismo não é indiferença. Tampouco ele é necessariamente carregado de maus agouros, embora dificilmente seja compatível com otimismo cego. O cinismo é um modo de amortecer o impacto emocional das ansiedades através de uma resposta ou humorística ou enfastiada com o mundo. Ele se conduz à paródia, como no filme *Dr. Strangelove* e em muitas formas de humor negro, mas também a uma celebração anacrônica das delícias do aqui e agora, torcendo o nariz para as perspectivas da modernidade orientadas para o futuro. Em alguns destes disfarces, o cinismo é destacável do pessimismo e pode coexistir com uma espécie de esperança temerária. O pessimismo é também em princípio separável do cinismo, se definindo como a convicção de que, faça-se o que se fizer, tudo vai dar errado.[22] Entretanto, ao contrário do que ocorre na associação do otimismo com os ideais do Iluminismo, é difícil dar um conteúdo ao pessimismo, à parte da nostalgia por estilos de vida que estão desaparecendo ou de uma atitude negativa em relação ao que está para vir. O pessimismo não é uma fórmula para a ação, e numa forma extrema leva apenas à depressão paralisante. Combinado ao cinismo, contudo, ele proporciona uma perspectiva com implicações práticas. O cinismo tira a aspereza do pessimismo, por causa de sua natureza emocionalmente neutralizante e de seu potencial para o humor.

Finalmente, podemos distinguir o que devo chamar de *engajamento radical*, pelo que me refiro a uma atitude de contestação prática para com as fontes percebidas de perigo. Aqueles que assumem uma postura de engajamento radical alegam que, embora estejamos cercados por graves problemas, podemos e devemos

---

22. Ver Bailey, *Pessimism*.

nos mobilizar para reduzir seu impacto ou para transcendê-los. Esta é uma perspectiva otimista, mas vinculada à ação contestatória ao invés de a uma fé na análise e discussão racional. Seu veículo principal é o movimento social.

Uma fenomenologia da modernidade

Duas imagens de como é viver no mundo da modernidade têm dominado a literatura sociológica, embora ambas pareçam menos que adequadas. Uma é a de Weber, segundo a qual os laços da racionalidade tornam-se cada vez mais apertados, aprisionando-nos numa gaiola anódina de rotina burocrática. Entre os três principais fundadores da sociologia moderna, Weber foi o que viu com mais clareza o significado da perícia no desenvolvimento social moderno e usou-o para delinear uma fenomenologia da modernidade. A vivência cotidiana, segundo Weber, retém seu colorido e espontaneidade, mas apenas no perímetro da gaiola de "aço rígido" da racionalidade burocrática. A imagem é bastante poderosa e tem, é claro, se destacado fortemente tanto na literatura ficcional do século XX como, mais diretamente, nas discussões sociológicas. Há muitos contextos das instituições modernas que são marcados pela fixidez burocrática, mas estão longe de ser completamente difusos, e mesmo no âmbito central de sua aplicação, a saber, nas organizações de grande escala, a caracterização de Weber da burocracia é inadequada. Ao invés de tender inevitavelmente para a rigidez, as organizações produzem áreas de autonomia e espontaneidade – que são na verdade encontradas com menos frequência em grupos menores. Devemos este reparo a Durkheim, bem como aos estudos empíricos ulteriores de organizações. O clima de opinião fechada no interior de certos pequenos grupos e os modos de sanção direta disponível para seus membros fixa os horizontes de ação muito mais estreita e firmemente do que em cenários organizacionais maiores.

A segunda é a imagem de Marx – e de muitos outros, considerem-se ou não marxistas. Segundo este retrato, a modernidade é vista como um monstro. Mais claramente talvez do que qualquer de seus contemporâneos, Marx percebeu o quão destruidor, e irreversível, seria o impacto da modernidade. Ao mesmo tempo, a modernidade era para Marx o que Habermas chamou com precisão de um "projeto inacabado". O monstro pode ser domado, na medida em que os seres humanos sempre puderam submeter ao seu próprio controle o que eles criaram. O capitalismo, simplesmente, é uma via irracional para dirigir o mundo moderno, porque ele substitui a satisfação controlada das necessidades humanas pelos caprichos do mercado.

Sugiro substituir estas imagens pela do carro de Jagrená – uma máquina em movimento de enorme potência que, coletivamente como seres humanos, podemos guiar até certo ponto mas que também ameaça escapar de nosso controle e poderia se espatifar. O carro de Jagrená esmaga os que lhe resistem, e embora ele às vezes pareça ter um rumo determinado, há momentos em que ele guina erraticamente para direções que não podemos prever. A viagem não é de modo algum inteiramente desagradável ou sem recompensas; ela pode com frequência ser estimulante e dotada de esperançosa antecipação. Mas, até onde durarem as instituições da modernidade, nunca seremos capazes de controlar completamente nem o caminho nem o ritmo da viagem. E nunca seremos capazes de nos sentir inteiramente seguros, porque o terreno por onde viajamos está repleto de riscos de alta-consequência. Sentimentos de segurança ontológica e ansiedade existencial podem coexistir em ambivalência.

O carro de Jagrená da modernidade não é uma peça inteiriça, e aqui a imagem falha, da mesma forma que o que se diga de um único caminho que ele percorre. Não se trata de uma maquinaria integrada, mas de uma máquina onde há um puxa e empurra tenso e contraditório de diferentes influências. Qualquer tentativa de capturar a vivência da modernidade deve partir desta visão, que deriva, em última instância, da dialética do tempo e do espaço, tal como expressa na constituição tempo-espaço das instituições modernas. Devo esboçar uma fenomenologia da modernidade em termos de quatro estruturas de vivência dialeticamente relacionadas, cada uma das quais se vincula integralmente à discussão anterior neste estudo:

Deslocamento e reencaixe: a intersecção de estranhamento e familiaridade.

Intimidade e impessoalidade: a intersecção de confiança pessoal e laços impessoais.

Perícia e reapropriação: a intersecção de sistemas abstratos e cognoscibilidade cotidiana.

Privatismo e engajamento: a intersecção de aceitação pragmática e ativismo.

A modernidade "des-loca" no sentido anteriormente analisado – o local se torna fantasmagórico. Entretanto, esta é uma vivência de camada dupla, ou ambivalente, ao invés de simplesmente uma perda de comunidade. Só podemos ver isto com clareza se tivermos em mente os contrastes entre o pré-moderno e o moderno descritos anteriormente. Não ocorre simplesmente que as influências localizadas são drenadas nas relações mais impessoalizadas dos sistemas abstratos. Ao invés disto, o próprio tecido da vivência espacial é alterado, conjugando proximidade e distância sem paralelo em épocas anteriores. Há aqui uma relação complexa entre familiaridade e estranhamento. Muitos aspectos da vida em contextos locais continuam a ter uma familiaridade e tranquilidade bem fundadas nas rotinas do dia a dia seguidas pelos indivíduos. Mas o sentido do familiar é um sentido frequentemente mediado pelo distanciamento tempo-espaço. Ele não deriva das particularidades do lugar localizado. E esta vivência, na medida em que ascende à consciência geral, é simultaneamente perturbadora e gratificante. A confiança renovada do familiar, tão importante para um senso de segurança ontológica, é unida à percepção de que o que é confortável e próximo é na verdade uma expressão de eventos distantes e foi "colocada" no ambiente local ao invés de formar dentro dele um desenvolvimento orgânico. O *shopping center* local é um meio onde uma sensação de tranquilidade e segurança é cultivada pelo acabamento dos prédios e pelo planejamento cuidadoso dos lugares públicos. Contudo, todos que fazem suas compras nesses lugares estão cônscios de que a maioria das lojas pertence a cadeias de lojas, que podem ser encontradas em qualquer cidade, e que na verdade inumeráveis *shopping centers* de projeto semelhante existem por toda parte.

Uma característica de deslocamento é nossa inserção em cenários culturais e de informação globalizados, o que significa que familiaridade e lugar estão muito menos consistentemente vinculados do que já estiveram. Este é menos um fenômeno de estranhamento do local do que de integração no interior de "comunidades" globalizadas de experiência partilhada. As fronteiras entre ocultar e revelar se alteraram, na medida em que muitas atividades outrora bastante distintas se encontram justapostas em domínios públicos unitários. O jornal e a sequência de programas de televisão durante o dia são os exemplos concretos mais óbvios deste fenômeno, mas ele é genérico à organização tempo-espaço da modernidade. Estamos todos familiarizados com eventos, com ações, e com a aparência visível de cenários físicos a milhares de quilômetros de onde vivemos. O advento da mídia eletrônica sem dúvida acentuou estes aspectos de deslocamento, na medida em que enfatiza a presença tão instantaneamente e a tanta distância. Como Joshua Meyrowitz observa, uma pessoa falando com outra pelo telefone, talvez do outro lado do mundo, está mais proximamente ligada à outra distante do que a outro indivíduo na mesma sala (que pode estar perguntando: "Quem é? O que ela está dizendo?" etc.). O correlativo do deslocamento é o reencaixe. Os mecanismos de desencaixe tiram as relações sociais e as trocas de informação de contextos espaçotemporais específicos, mas ao mesmo tempo propiciam novas oportunidades para sua reinserção. Esta é uma outra razão pela qual é um equívoco ver o mundo moderno como um mundo onde grandes sistemas impessoais engolem crescentemente a maior parte da vida pessoal. O mesmíssimo processo que leva à destruição das vizinhanças mais antigas da cidade e à sua substituição por enormes edifícios de escritórios e arranha-céus permite com frequência o enobrecimento de outras áreas e a recriação da localidade. Embora a imagem de feixes de prédios altos e impessoais no centro da cidade seja frequentemente apresentada como o epítome da paisagem da modernidade, isto é um equívoco. Igualmente característica é a recriação de lugares de relativa pequenez e informalidade. O próprio significado do transporte que ajuda a dissolver a conexão entre a localidade e parentesco, fornece a possibilidade para o reencaixe, tornando fácil visitar parentes "próximos" que estão bem longe.

Comentários paralelos podem ser feitos sobre a intersecção de intimidade e impessoalidade em contextos modernos de ação. É simplesmente uma inverdade que em condições de modernidade vivemos cada vez mais num "mundo de estranhos". Não somos exigidos cada vez mais a trocar a intimidade pela impessoalidade nos contatos com outros, que fazemos rotineiramente no curso de nossas vidas diárias. Trata-se de algo muito mais complexo e sutil. Os contatos do dia a dia com os outros em cenários pré-modernos eram normalmente baseados numa familiaridade que derivava em parte da natureza do lugar. Entretanto, contatos com outros familiares, é provável, raramente facilitavam o nível de intimidade que associamos às relações pessoais e sexuais hoje em dia. A "transformação da intimidade" da qual tenho falado é contingente do próprio distanciamento trazido pelos mecanismos de desencaixe, combinado com a alteração dos ambientes de confiança que eles pressupõem. Existem certas maneiras bem óbvias pelas quais a intimidade e os sistemas abstratos interagem. O dinheiro, por exemplo, pode ser gasto na compra dos serviços peritos de um psicólogo que orienta o indivíduo numa exploração do universo interior do íntimo e do pessoal.

Uma pessoa anda pelas ruas de uma cidade e encontra talvez milhares de pessoas no decorrer do dia, pessoas que ela nunca encontrou antes – "estranhos" no sentido moderno do termo. Ou talvez esse indivíduo perambule por vias públicas menos apinhadas, examinando ociosamente os passantes e a diversidade dos produtos à venda nas lojas – o *flâneur* de Baudelaire. Quem poderia negar que estas vivências são um elemento integral da modernidade? Contudo o mundo "lá fora" – o mundo que se transforma gradativamente da familiaridade do lar e da vizinhança local para um tempo-espaço indefinido – não é de modo algum um mundo puramente impessoal. Pelo contrário, relações íntimas podem ser mantidas à distância (contato regular e corroborado pode ser feito com outros indivíduos em virtualmente qualquer lugar da superfície da Terra – bem como um pouco acima e abaixo), e laços pessoais são continuamente atados com outros que nos eram anteriormente desconhecidos. Vivemos num mundo *povoado*, não meramente num mundo de rostos anônimos, vazios, e a interpolação de sistemas abstratos em nossas atividades é intrínseco à sua realização.

Nas relações de intimidade do tipo moderno, a confiança é sempre ambivalente, e a possibilidade de rompimento está sempre mais ou menos presente. Os laços pessoais podem ser rompidos, e os laços de intimidade podem voltar à esfera dos contatos impessoais – no caso amoroso rompido, o íntimo torna-se de súbito novamente um estranho. A exigência de "se abrir" para o outro que as relações pessoais de confiança pressupõem hoje, a injunção de nada ocultar do outro, misturam renovação da confiança e ansiedade profunda. A confiança pessoal exige um nível de autoentendimento e autoexpressão que deve ser em si uma fonte de tensão psicológica. Pois a autorrevelação mútua é combinada com a necessidade de reciprocidade e apoio; estas duas coisas, contudo, são frequentemente incompatíveis. Tormento e frustração entrelaçam-se com a necessidade de confiança no outro como o provedor de cuidados e apoio.

Desabilitação e reabilitação na vida cotidiana

A perícia é parte da intimidade em condições de modernidade, como é mostrado não apenas pela imensa variedade de formas de psicoterapia e aconselhamento disponível, como também pela pluralidade de livros, artigos e programas de televisão fornecendo informação técnica sobre "relacionamentos". Será que isto significa que, como coloca Habermas, os sistemas abstratos "colonizam" um "mundo da vida" preexistente, subordinando as decisões pessoais à perícia técnica? Não. As razões são duas. Uma é que as instituições modernas não se implantam simplesmente num "mundo da vida", cujos resíduos permanecem muito semelhantes ao que sempre foram. Mudanças na natureza da vida cotidiana também afetam os mecanismos de desencaixe, numa interação dialética. A segunda razão é que a perícia técnica é continuamente reapropriada por agentes leigos como parte de sua lida rotineira com sistemas abstratos. Ninguém pode se tornar um perito, no sentido de possuir ou um pleno conhecimento perito ou as credenciais formais apropriadas, em mais do que uns poucos pequenos setores dos sistemas de conhecimento imensamente complicados existentes hoje. Entretanto ninguém pode interagir com sistemas abstratos sem dominar alguns dos rudimentos dos princípios sobre os quais eles se baseiam.

Os sociólogos supõem com frequência que, em contraste com a era pré-moderna, onde muitas coisas eram mistérios, vivemos hoje num mundo de onde o mistério se retirou e onde a maneira como "o mundo funciona" pode (em princípio) ser exaustivamente conhecida. Mas isto não é verdadeiro nem para o leigo nem para o perito, se consideramos suas vivências como indivíduos. Para todos nós que vivemos no mundo moderno as coisas são especificamente *opacas*, de um modo que difere do caso, anteriormente. Em ambientes pré-modernos o "conhecimento local", para adaptar uma expressão de Clifford Geertz,[23] que os indivíduos possuíam era rico, variado e adaptado às exigências da vida no meio local. Mas quantos de nós hoje em dia, ao acendermos o comutador de luz, sabemos de onde vem o fornecimento de energia elétrica ou mesmo, num sentido técnico, o que é realmente a eletricidade?

Entretanto, embora o "conhecimento local" possa não ser da mesma ordem que outrora, o peneiramento do conhecimento e da habilidade da vida cotidiana não é um processo de mão única. Tampouco são os indivíduos em contextos modernos menos conhecedores de seus meios locais que seus congêneres nas culturas pré-modernas. A vida social moderna é um assunto complexo, e há muitos processos "filtragem retroativa", pelos quais o conhecimento técnico, de uma ou outra forma, é reapropriado pelas pessoas leigas e aplicado rotineiramente no curso de suas atividades cotidianas. Como foi mencionado antes, a interação entre perícia e reapropriação é fortemente influenciada, entre outras coisas, pelas experiências nos pontos de acesso. Fatores econômicos podem decidir se uma pessoa aprende a consertar o motor de seu carro, trocar a fiação do sistema elétrico da casa ou consertar o telhado;

---

23. Clifford Geertz, *Local Knowledge* (New York: Basic Books, 1983).

AS CONSEQUÊNCIAS DA MODERNIDADE 159

mas o mesmo ocorre com os níveis de confiança que um indivíduo confere aos sistemas peritos e conhecidos peritos específicos envolvidos. Os processos de reapropriação se relacionam a todos os aspectos da vida social – por exemplo, tratamento médico, educação de crianças, ou prazer sexual. Para o indivíduo comum isto tudo não aumenta os sentimentos de controle seguro sobre as circunstâncias da vida cotidiana. A modernidade expande as arenas de realização pessoal e de segurança a respeito de amplas faixas da vida cotidiana. Mas a pessoa leiga – e *todos* nós somos pessoas leigas a respeito da vasta maioria dos sistemas peritos – deve guiar o carro de Jagrená. A falta de controle que muitos de nós sentimos em relação a certas circunstâncias de nossas vidas é real.

É novamente contra este pano de fundo que devemos compreender os padrões de privatismo e engajamento. Um senso de "sobrevivência", no uso que Lasch faz deste termo, não pode estar ausente de nossos pensamentos todo o tempo num mundo em que, para o futuro indefinido, a sobrevivência é uma questão real e inescapável. Inconscientemente, e talvez em especial, entre aqueles cuja atitude é de aceitação pragmática diante dos riscos de alta-consequência – a relação com a sobrevivência existe, provavelmente, como um pavor existencial. Pois a confiança básica na continuidade do mundo deve ser fundamentada na simples convicção de que ele vai continuar, e isto é algo de que não podemos estar inteiramente seguros. Saul Bellow observa em seu romance *Herzog*: "A revolução do terror nuclear nos devolve a dimensão metafísica. Toda atividade prática atingiu seu ponto culminante: tudo pode ir agora, civilização, história, natureza. Agora, para lembrar a questão do Sr. Kierkegaard..."[24] "A questão do Sr. Kierkegaard" é: como evitamos o pavor da não existência, considerada não apenas

---
24. Saul Bellow, *Herzog* (Harmondsworth: Penguin, 1964), p.323.

como morte individual mas como um vácuo existencial? A possibilidade de calamidade global, por guerra nuclear ou outros meios, impede que nos reasseguremos com a pressuposição de que a vida das espécies ultrapassa inevitavelmente a do indivíduo. O quão remota é a possibilidade, literalmente ninguém sabe. Na medida em que há dissuasão, deve haver a possibilidade de guerra, pois a noção de dissuasão só faz sentido se as partes envolvidas estão, em princípio, preparadas para usar o armamento de que dispõem. Mais uma vez, ninguém, não importa o quão "perito" em logística de armas e organização militar ou em política mundial, pode dizer se a dissuasão "funciona", porque o máximo que pode ser dito é que até agora não houve guerra. A consciência destas incertezas inerentes não escapa à população leiga, por mais vaga que possa ser.

Equilibrando-se contra as profundas ansiedades que estas circunstâncias podem produzir em virtualmente todo mundo, há o amparo psicológico do sentimento de que "não há nada que eu enquanto indivíduo possa fazer", e que de qualquer maneira o risco deve ser muito ligeiro. Agir como de hábito, como eu já disse, é um elemento primordial na estabilização da confiança e da segurança ontológica, e isto sem dúvida se aplica no que diz respeito aos riscos de alta-consequência tanto como em outras áreas das relações de confiança.

E no entanto, obviamente, mesmo riscos de alta-consequência não são apenas contingências remotas, que podem ser ignoradas na vida diária, se bem que com algum provável custo psicológico. Alguns destes riscos, e muitos outros que são potencialmente ameaçadores à vida para os indivíduos ou que os afetam significativamente de outra maneira, se impõem direto no âmago das atividades cotidianas. Isto vale, por exemplo, para qualquer dano de poluição que afete a saúde de adultos ou crianças, ou qualquer coisa que produza conteúdos tóxicos nos alimentos ou afete suas propriedades nutricionais. Isto é verdadeiro também para uma profusão de mudanças tecnológicas que influenciam as possibilidades de vida, como as tecnologias de reprodução. A mistura de risco e oportunidade é tão complexa em muitas das circunstâncias envolvidas que é extremamente difícil para os indivíduos saberem até onde atribuir confiança a prescrições ou sistemas específicos e em que medida suspendê-la. Como se pode conseguir comer "saudavelmente", por exemplo, quando todos os tipos de alimentos possuem qualidades tóxicas de uma espécie ou de outra e quando o que é afirmado como sendo "bom para você" por peritos nutricionistas varia com as mudanças de estado do conhecimento científico?

Confiança e risco, oportunidade e perigo – estas características polares, paradoxais, da modernidade permeiam todos os aspectos da vida cotidiana, mais uma vez refletindo uma extrapolação extraordinária do local e do global. A aceitação pragmática pode ser mantida em relação à maioria dos sistemas abstratos que invadem as vidas dos indivíduos, mas por sua própria natureza tal atitude não pode ser mantida o tempo todo e a respeito de todas as áreas de atividade. Pois a informação perita recebida é frequentemente fragmentária ou inconsistente,* da mesma forma que o conhecimento reciclado que colegas, amigos e íntimos passam um para o outro. Pessoalmente, devem-se tomar decisões e forjar

---

* Considere-se, como um entre uma gama indefinida de exemplos, o caso do ciclamato, um adoçante artificial, e das autoridades norte-americanas. O ciclamato era largamente usado nos Estados Unidos até 1970, e a Food and Drug Administration classificou-o como "reconhecido como seguro em geral". A atitude da FDA mudou quando a pesquisa científica concluiu que ratos que recebiam grandes doses da substância eram propensos a certos tipos de câncer. Foi proibido o uso de ciclamato em alimentos. Com o aumento do número de pessoas que passaram a tomar refrigerantes de baixas calorias nos anos 70 e início dos 80, entretanto, os fabricantes pressionaram a FDA para mudar sua posição. Em 1984, um comitê da FDA decidiu que o ciclamato não era afinal um agente cancerígeno. Um ano depois, a National Academy of Sciences in-

políticas. O privatismo, evitar engajamento contestatório — que pode ser apoiado por atitudes de otimismo básico, pessimismo ou aceitação pragmática — pode servir aos propósitos da "sobrevivência" cotidiana de muitas maneiras. Mas ele tende a ser entremeado de fases de engajamento ativo, mesmo por parte daqueles mais inclinados a atitudes de indiferença ou cinismo. Pois, para repetir, no que toca ao equilíbrio de segurança e perigo que a modernidade introduz em nossas vidas, não há mais "outros" — ninguém pode estar completamente de fora. As condições de modernidade, em muitas circunstâncias, provocam ativismo ao invés de privatismo, por causa da reflexividade inerente à modernidade e porque há muitas oportunidades para a organização coletiva no interior dos sistemas poliárquicos dos Estados-nação modernos.

Objeções à pós-modernidade

Que me seja permitido neste ponto voltar brevemente a questões levantadas no início do livro e ao mesmo tempo olhar adiante para as seções finais. Tenho procurado desenvolver uma interpretação da era corrente que desafia as concepções usuais da emergência da pós-modernidade. Como comumente compreendidas, as concepções de pós-modernidade — que em sua maioria têm origem no pensamento pós-estruturalista — envolvem várias linhas diferentes. Comparo estas concepções de pós-modernidade (PM) com minha posição alternativa, que chamarei de modernidade radicalizada (MR), na Tabela 2 que se segue à página 163.

---

terveio, chegando, contudo, a uma conclusão diferente. Em seu relatório sobre o assunto, a Academia declarou que o ciclamato não é seguro quando usado com sacarina, embora provavelmente inofensivo quando usado sozinho como adoçante. Ver James Bellini, *High Tech Holocaust* (London: Tarrant, 1986).

TABELA 2

Uma comparação das concepções de "pós-modernidade" (PM) e "modernidade radicalizada" (MR)

PM	MR
1. Entende a transição corrente em termos epistemológicos ou como decompondo totalmente a epistemologia.	1. Identifica os desenvolvimentos institucionais que criam um sentido de fragmentação e dispersão.
2. Enfoca as tendências centrífugas das transformações sociais correntes e de seu caráter de deslocamento.	2. Vê a alta modernidade como um conjunto de circunstâncias em que a dispersão está dialeticamente vinculada a tendências profundas para uma integração global.
3. Vê o eu como dissolvido ou desmembrado pela fragmentação da experiência.	3. Vê o eu como mais do que, apenas, um lugar de forças entrecruzadas; a modernidade possibilita processos ativos de autoidentidade.
4. Afirma a contextualidade das reivindicações da verdade ou as vê como "históricas".	4. Afirma que as características universais das reivindicações de verdade se impõem a nós de uma maneira irresistível dada a primazia dos problemas de um tipo global. O conhecimento sistemático sobre estes desenvolvimentos não é impedido pela reflexividade da modernidade.
5. Teoriza a falta de poder que os indivíduos sentem em face das tendências globalizantes.	5. Analisa uma dialética da falta e da posse de poder em termos tanto da vivência como da ação.
6. Vê o "esvaziamento" da vida cotidiana como resultado da introdução dos sistemas abstratos.	6. Vê a vida cotidiana como um complexo ativo de reações aos sistemas abstratos, envolvendo tanto apropriação como perda.
7. Vê o engajamento político coordenado, impossibilitado pela primazia da contextualidade e dispersão.	7. Vê o engajamento político coordenado como possível e necessário, num nível global bem como localmente.
8. Define a pós-modernidade como o fim da epistemologia/do indivíduo/da ética.	8. Define a pós-modernidade como transformações possíveis para "além" das instituições da modernidade.

V
Conduzindo o carro de Jagrená

Em que medida nós podemos – onde "nós" significa a humanidade como um todo – atrelar o carro de Jagrená, ou ao menos conduzi-lo de maneira a minimizar os perigos e maximizar as oportunidades que a modernidade nos oferece? Por que, em todo caso, vivemos atualmente num mundo tão descontrolado, tão diferente daquele que os pensadores do Iluminismo anteciparam? Por que a generalização da "doce razão" não produziu um mundo sujeito à nossa previsão e controle?

Diversos fatores podem ser sugeridos, nenhum dos quais, contudo, tem algo a ver com a ideia de que não temos mais métodos viáveis de sustentar as reivindicações de conhecimento no sentido de Lyotard e outros. O primeiro pode ser designado como *defeitos de projeto*. A modernidade é inseparável dos sistemas abstratos que propiciam o desencaixe das relações sociais através do tempo e do espaço e se estendem sobre a natureza socializada e o universo social. Talvez muitos destes sofram de defeitos de projeto que, ao levarem os sistemas a dar errado, nos lançam para fora das trilhas de desenvolvimento que projetamos? Agora simplesmente podemos aplicar uma noção de defeitos de projeto a sistemas sociais, bem como naturais, em que os primeiros são estabelecidos com "fins em vista" estabelecidos. Qualquer organização pode em princípio ser avaliada em termos de em que medida ela efetivamente atinge certas metas ou fornece certos serviços. Qualquer aspecto da natureza socializada pode em princípio ser avaliada em termos de em que medida ele vai ao encontro de necessidades humanas específicas e não produz resultados finais indesejáveis. Em ambos os contextos, defeitos de projeto são sem dúvida muito comuns. No caso de sistemas que dependem de natureza socializada, não parece haver razão, novamente em princípio, por que os defeitos de projeto não deveriam ser erradicados. A situação no que toca aos sistemas sociais é mais complicada e difícil, como vamos ver.

Um segundo fator é o que podemos chamar de *falha do operador*. Qualquer sistema abstrato, não importa o quão bem projetado ele é, pode falhar em seu funcionamento como se supõe que ele o faça porque quem o opera comete enganos. Isto também se aplica tanto aos sistemas sociais como aos naturais. Ao contrário dos defeitos de projeto, a falha do operador parece não ser passível de erradicação. Um bom projeto, assim como treino rigoroso e disciplina podem tornar a possibilidade de falha do operador muito pequena; mas na medida em que seres humanos estão envolvidos, o risco deve estar presente. No caso do acidente de Chernobyl, a causa básica do desastre foi um engano cometido na operação dos sistemas de desativação de emergência. Cálculos matemáticos de risco, tais como os riscos de mortalidade humana ligados a métodos concorrentes de gerar energia, podem ser realizados a propósito do funcionamento de sistemas físicos. Mas o elemento de falha do operador não pode com efeito ser incorporado nesses cálculos.

Entretanto, nem os defeitos de projeto nem a falha do operador são os elementos mais importantes a produzir o caráter errático da modernidade. As duas influências mais significativas são aquelas a que já nos referimos brevemente: as *consequências involuntárias* e a *reflexividade* ou *circularidade do conhecimento social*. Os defeitos de projeto e a falha do operador pertencem claramente à categoria das consequências inesperadas, mas esta categoria inclui muito mais.

Não importa o quão bem um sistema é projetado nem o quão eficientes são seus operadores, as consequências de sua introdução e funcionamento, no contexto da operação de outros sistemas e da atividade humana em geral, não podem ser inteiramente previstas. Uma razão para isto é a complexidade dos sistemas e ações que constituem a sociedade. Mas mesmo que fosse concebível – como na prática não é – que o mundo (a ação humana e o meio ambiente físico) pudesse tornar-se um único sistema projetado, as consequências involuntárias ainda persistiriam.

A razão disto é a circularidade do conhecimento social, que afeta em primeira instância o mundo social ao invés do natural. Em condições de modernidade, o mundo social nunca pode formar um meio ambiente estável em termos de entrada de conhecimento novo sobre seu caráter e funcionamento. O conhecimento novo (conceitos, teorias, descobertas) não torna simplesmente o mundo social mais transparente, mas altera sua natureza, projetando-a para novas direções. O impacto deste fenômeno é fundamental para a qualidade do carro de Jagrená da modernidade e afeta a natureza socializada bem como as próprias instituições sociais. Pois embora o conhecimento sobre o mundo natural não afete o mundo de uma maneira direta, a circularidade do conhecimento social incorpora elementos da natureza via os componentes tecnológicos dos sistemas abstratos.

Por todas estas razões, não podemos nos apoderar da "história" e submetê-la prontamente aos nossos propósitos coletivos. Não podemos controlar a vida social completamente, mesmo considerando que nós mesmos a produzimos e reproduzimos em nossas ações. Além disso, os fatores que acabamos de mencionar pressupõem homogeneidade de interesse e propósito, algo que cada um não pode certamente tomar como certo no que diz respeito à humanidade em geral. As outras duas influências mencionadas anteriormente, o poder diferencial e os papéis dos valores, também são importantes. O mundo é "um" em certo sentido, mas radicalmente cindido por desigualdades de poder em outro. E um dos traços mais característicos da modernidade é a descoberta de que o desenvolvimento do conhecimento empírico não nos permite por si mesmo decidir entre diferentes posições de valor.

Realismo utópico

Entretanto nada disso significa que devemos, ou que podemos desistir de nossas tentativas de governar o carro de Jagrená. A minimização dos riscos de alta-consequência transcende todos os valores e todas as divisões exclusivistas de poder. A "história" não está do nosso lado, não tem teleologia, e não nos proporciona garantias. Mas a natureza fortemente contrafatual do pensamento orientado para o futuro, um elemento essencial da reflexividade da modernidade, tem implicações positivas, bem como negativas. Pois podemos vislumbrar alternativas futuras cuja propagação mesma pode ajudá-las a se realizar. O que é preciso é a criação de modelos de *realismo utópico*.

Isto não passa de uma contradição em termos, pode-se pensar, mas este não é o caso, como podemos ver comparando esta posição à de Marx. Na versão de Marx da teoria crítica – uma teoria que vincula interpretação e prática – a história tem uma direção geral e converge para um agente revolucionário, o proletariado, que é uma "classe universal". Contendo em si o resíduo acumulado da opressão histórica, o proletariado, ao fazer a revolução, age em nome de toda a humanidade. Mas a história, como notamos, não tem teleologia, e não há agentes privilegiados no processo de transformação engrenado à concepção de valores. Marx conservou mais do que um eco da dialética do senhor e do escravo, uma perspectiva que é atraente porque os desprivilegiados são os verdadeiros detentores dos interesses da humanidade como um todo. Mas devemos resistir a esta noção, a despeito de sua atração para aqueles que lutam pela emancipação dos oprimidos. Os interesses dos oprimidos não são uniformes e frequentemente colidem entre si, enquanto as mudanças sociais benéficas com frequência exigem o uso de poder diferencial mantido apenas pelos privilegiados. Ademais, muitas mudanças benéficas ocorrem de maneira involuntária.

Devemos manter o princípio marxista de que as vias para a mudança social desejada terão muito pouco impacto prático se não estiverem vinculadas a possibilidades institucionalmente imanentes. Foi por causa deste princípio que Marx se distanciou tão nitidamente do utopismo; mas essas possibilidades imanentes são elas mesmas influenciadas pelo caráter contrafatual da modernidade, e portanto não se faz necessária uma divisão rígida entre pensamento "realista" e utópico. Temos que equilibrar os ideais utópicos com o realismo de uma maneira muito mais rigorosa do que era preciso na época de Marx. Isto é facilmente demonstrável em referência aos riscos de alta-consequência. O pensamento utópico é inútil, e possivelmente extremamente perigoso, se aplicado, digamos, à política de dissuasão. As convicções morais seguidas sem referência a implicações estratégicas de ação podem propiciar o bem-estar psicológico que vem do sentido de valor que o engajamento radical pode proporcionar. Mas podem levar a resultados perversos se não forem temperados pela compreensão de que, em relação a riscos de alta-consequência, a meta principal deve ser a minimização do perigo.

Como poderia ser uma teoria crítica sem garantias no fim do século XX? Ela deve ser *sensível sociologicamente* – atenta às transformações institucionais imanentes que a modernidade abre constantemente para o futuro; ela deve ser politicamente, na verdade *geopoliticamente, tática*, no sentido de reconhecer que compromissos morais e "boa-fé" podem, em si, ser potencialmente perigosos num mundo de riscos de alta-consequência; ela deve criar *modelos da sociedade boa* que não se limitem nem à esfera do Estado-nação nem somente a uma das dimensões institucionais da modernidade; e ela deve reconhecer que a *política emancipatória* tem que estar vinculada à política da vida, ou uma *política de autorrealização*. Por política emancipatória me refiro a engajamentos radicais voltados para a liberação das desigualdades ou servidão. Se percebemos de uma vez por todas que a história não obedece a uma dialética do senhor e do escravo, ou que só faz em certos contextos e circunstâncias, podemos reconhecer que a política emancipatória não pode ser o único lado da questão. A política da vida se refere a engajamentos radicais que procuram incrementar as possibilidades de uma vida realizada e satisfatória para todos, e para a qual não existem "outros". Esta é uma versão da velha distinção entre "liberdade de" e "liberdade para", mas a "liberdade para" tem que ser desenvolvida à luz de uma estrutura de realismo utópico.

A relação entre política emancipatória e política da vida forma um eixo de esquema mostrado na Figura 3. O outro é o da conexão entre o local e o global, tantas vezes enfatizado nas partes anteriores deste estudo. Tanto a política emancipatória como a da vida têm que ser vinculadas a essas conexões, dada a influência germinante das relações globalizadas. É característico da modernidade, como tentei mostrar, que a autorrealização torna-se fundamental para a autoidentidade. Uma "ética do pessoal" é uma característica básica da política da vida, da mesma forma que as ideias mais estabelecidas de justiça e igualdade o são para a política emancipatória. O movimento feminista foi pioneiro na tentativa de vincular estas preocupações entre si.

Theodore Roszak tem razão em criticar autores, em lados opostos do espectro político, que veem o *ethos* da autodescoberta meramente como uma resposta desesperada ao caráter psicológica ou socialmente inadequado das instituições mais avantajadas da modernidade. Como ele diz: "vivemos numa época em que a própria experiência privada de ter uma identidade pessoal a descobrir, um destino pessoal a realizar, tornou-se uma força política subversiva de importantes proporções". Contudo ele está errado em dizer que "tanto a pessoa como o planeta estão ameaçados pelo mesmo inimigo – o tamanho grande das coisas".[1] O que está em questão é o entrelaçamento de distância e proximidade, de mecanismos de globalização pessoais e em grande escala. O "tamanho grande" não é em si nem um inimigo da pessoa nem um fenômeno a ser superado na política da vida. Pelo contrário, é a coordenação do benefício individual e da organização planetária que deve ser o foco da preocupação. As conexões globais de diversos tipos são a própria condição das formas de autorrealização individual, inclusive aquelas que agem no sentido de minimizar os riscos de alta-consequência.

Figura 3. As dimensões do realismo utópico.

---

1. Theodore Roszak, *Person/Planet: The Criative Disintegration of Industrial Society* (London: Gollancz, 1979), p.XXVIII, 33.

Este critério deve, pela natureza das coisas, ser aplicado também a setores do mundo onde o impacto da modernidade ainda permanece relativamente fraco. As transformações do tempo presente ocorrem num mundo cindido por disparidades entre Estados ricos e pobres, onde a extensão das instituições modernas traz à tona todo tipo de contracorrentes e influências, como o fundamentalismo religioso ou formas de tradicionalismo reacionário. Se não considero estes em detalhe neste livro, é por questões de economia de argumentação, não porque eu ache que eles podem ser postos de lado numa interpretação mais concreta deste tipo de correntes globais.

Orientações futuras: o papel dos movimentos sociais

Como modalidades de engajamento radical com importância difusa na vida social moderna, os movimentos sociais fornecem pautas para potenciais transformações futuras. Para os que associaram a modernidade acima de tudo com o capitalismo ou o industrialismo, o movimento trabalhista é o movimento social por excelência. Autores que seguiram Marx veem o movimento trabalhista como situado na "vanguarda da história"; seus críticos concentraram a atenção em mostrar que o movimento trabalhista teve um aspecto transformador apenas nas fases iniciais do desenvolvimento de uma ordem industrial, tornando-se ulteriormente um grupo de interesses entre outros. Seguramente, o capitalismo permanece um sistema de classe, e as lutas dos movimentos trabalhistas ainda são relevantes para o que possa estar "além" dele. Mas uma preocupação sincera com os movimentos trabalhistas, ainda que outrora largamente justificada pela sua importância estratégica no início do desenvolvimento das instituições modernas e da expansão capitalista, reflete a ênfase unilateral no capitalismo ou no industrialismo como as únicas forças dinâmicas signi-

AS CONSEQUÊNCIAS DA MODERNIDADE 173

ficativas envolvidas na modernidade. Outros movimentos sociais também são importantes e podem ser vinculados ao caráter multidimensional da modernidade delineado anteriormente.

A Figura 4 deve ser interpretada em conjunção com a Figura 1, que mostra as quatro dimensões institucionais da modernidade, e vista essencialmente como sobreposta a ela. Os movimentos trabalhistas são associações contestatórias cujas origens e campo de ação estão ligados à difusão do empreendimento capitalista. Reformistas ou revolucionários, eles têm suas raízes na ordem econômica do capitalismo, especificamente em tentativas de conseguir controle defensivo do local de trabalho através do sindicalismo e influenciar ou apoderar-se do poder de Estado através da organização política socialista. Em particular durante as fases relativamente iniciais do desenvolvimento das instituições modernas, os movimentos trabalhistas tendiam a ser importantes veículos de apelos por liberdade de expressão e direitos democráticos.

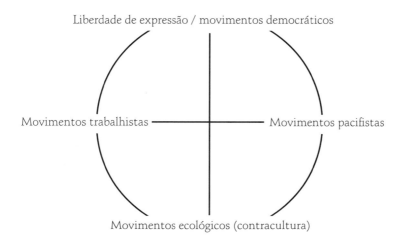

Figura 4. Tipos de movimentos sociais.

Entretanto a liberdade de expressão e os movimentos democráticos, que têm suas origens na arena das operações de vigilância do Estado moderno, são analiticamente, e numa extensão substancial historicamente, separáveis dos movimentos trabalhistas. Eles incluem certas formas de movimento nacionalista bem como movimentos preocupados com direitos de participação política em geral. Esta categoria inclui as primeiras associações burguesas, que Marx via com certo sarcasmo como grupos essencialmente baseados em classe. Embora ele estivesse correto neste diagnóstico, estava errado na medida em que procurou tratar os "direitos burgueses" de uma maneira relativa, como apenas uma expressão do domínio de classe. Tais direitos, e lutas para obtê-los, defendê-los ou ampliá-los, têm um significado genérico nas ordens políticas modernas, capitalistas e socialistas. A vigilância é em si uma área de conflito.

Os movimentos trabalhistas e de livre expressão democráticos são "antigos": isto é, eles foram bem estabelecidos de certa forma antes do século atual. Os outros tipos de movimentos sociais são mais novos, no sentido em que vieram a aumentar a sua proeminência em anos relativamente recentes. Sua novidade, contudo, pode ser exagerada. Os movimentos pacifistas têm sua área de luta na arena do controle dos meios de violência, incluindo as forças policiais e militares. A "paz" aqui tem que ser vista, como a "democracia", como um conceito controverso central aos diálogos com os quais esses movimentos entram nos campos de ação que eles compartilham com organizações como o exército ou o Estado. Os movimentos pacifistas de certos tipos, normalmente influenciados por valores religiosos, remontam às primeiras origens da guerra industrializada. Se assumiram um significado específico hoje, isto se deve, sem dúvida, em grande parte, ao crescimento dos riscos de alta-consequência associados à deflagração de guerra, com o armamento nuclear formando o componente central nos tempos atuais.

A área de luta dos movimentos ecológicos – em cuja categoria os movimentos de contracultura também podem ser incluídos – é o meio ambiente criado. Formas antecedentes dos atuais movimentos "verdes" também podem ser localizadas no século XIX. Os primeiros destes tendiam a ser fortemente influenciados pelo romantismo e procuravam basicamente responder ao impacto da indústria moderna sobre os modos tradicionais de produção e sobre a paisagem. Na medida em que o industrialismo não era imediatamente distinguível do capitalismo, particularmente em termos dos efeitos destrutivos de ambos sobre os modos tradicionais de vida, esses grupos com bastante frequência tendiam a se alinhar com os movimentos operários. A separação atual entre os dois reflete o aumento da consciência dos riscos de alta-consequência que o desenvolvimento industrial, organizado ou não sob os auspícios do capitalismo, traz em sua esteira. As preocupações ecológicas, entretanto, não derivam apenas dos riscos de alta-consequência e enfocam também outros aspectos do meio ambiente criado.

Os movimentos sociais proporcionam vislumbres de futuros possíveis e são em parte veículos para sua realização.[2]* Mas

---

2. Alberto Melucci, *Nomads of the Present* (London: Hutchinson Radius, 1989)
* Há uma ausência conspícua da Figura 4: os movimentos feministas. Como devemos situar o feminismo em relação às dimensões da modernidade distinguidas aqui e em relação à discussão mais ampla no livro como um todo? Em primeiro lugar, deve-se enfatizar, o feminismo participa da reflexividade da modernidade assim como todos os movimentos sociais. Partindo de uma situação em que os objetivos primordiais era assegurar os direitos de igualdade política e econômica, os movimentos feministas chegaram a pôr em questão elementos constitutivos das relações entre os sexos. A reflexão sobre o que é o sexo e como ele estrutura as características básicas da identidade pessoal está hoje entrosada a projetos de profunda transformação potencial. Em segundo lugar, estas preocupações estão intimamente vinculadas ao tema do eu como um projeto reflexivo, pois todos os indivíduos têm seu sexo como parte dos processos de aprendizado pelo

é essencial reconhecer que, da perspectiva do realismo utópico, eles não são necessariamente a única base de mudanças que podem conduzir a um mundo mais seguro e mais humano. Os movimentos pacifistas, por exemplo, podem ser importantes para despertar consciências e atingir metas táticas a respeito de ameaças militares. Outras influências, contudo, incluindo a força da opinião pública, as políticas das corporações de negócios e dos governos nacionais, e as atividades de organizações internacionais, são fundamentais para a obtenção de reformas básicas. A perspectiva do realismo utópico reconhece a inevitabilidade do poder e não seu uso como inerentemente nocivo. O poder, em seu sentido mais amplo, é um meio de conseguir que as coisas sejam feitas. Numa situação de globalização acelerada, procurar maximizar a oportunidade e minimizar os riscos de alta--consequência requer o uso coordenado do poder. Isto vale para a política emancipatória bem como para a política da vida. A solidariedade para com as aflições dos oprimidos é integral a todas as formas de política emancipatória, mas alcançar as metas envolvidas depende com frequência da intervenção da influência dos privilegiados.

O veio utópico aqui está, obviamente, bem marcado, e seria de fato imprevidente ser otimista sobre até onde as agências de

---

quais se desenvolve um sentido do eu sendo, daí em diante, sustentado ou modificado. Em terceiro lugar – em virtude deste segundo ponto – alguns dos fenômenos mais aprofundados com os quais o feminismo se preocupa não foram criados na modernidade; eles são encontrados, de uma forma ou de outra, em todas as formas conhecidas de ordem social. Os objetivos dos movimentos feministas são portanto complexos e cortam transversalmente as dimensões institucionais da modernidade. O feminismo, contudo, pode fornecer fontes de pensamento contrafatual que contribuem de uma forma bem básica para a pós-modernidade no sentido em que vou discuti--la em seguida.

poder concentrado participariam de correntes que podem solapar sua posição. Os interesses das corporações de negócios divergem frequentemente dos governos, que por sua vez estão com frequência enfocados em questões regionais. Todas as agendas nas quais não há "outros" podem ser redefinidas em termos da atenção a preocupações divisivas. Os movimentos sociais não são mais imunes a esta tendência do que as organizações estabelecidas. Entretanto o poder não é sempre usado para ganhos setoriais ou como um meio de opressão, e o elemento de realismo mantém sua centralidade.

Pós-modernidade

Vivemos correntemente num período de alta-modernidade. O que está além disto? Podemos atribuir algum sentido definido ao conceito de pós-modernidade? Que tipos de utopia podemos estabelecer, como projetos orientados para o futuro, que estejam vinculados aos rumos imanentes de desenvolvimento, e por conseguinte realistas?

Acho que podemos identificar os contornos de uma ordem pós-moderna e que existem rumos institucionais importantes que sugerem que essa ordem pode ser realizada. Um sistema pós-moderno será institucionalmente complexo, e podemos caracterizá-lo como representando um movimento para "além" da modernidade ao longo de cada uma das quatro dimensões distinguidas anteriormente, conforme mostra a Figura 5 (note-se as relações diretas às figuras 1 e 4). Se ocorrerem transformações do tipo indicado, não serão automaticamente em íntima conjunção de uma com outra, e diversas agências estariam envolvidas onde elas se realizassem.

Figura 5. O perfil de uma ordem pós-moderna.

O que, antes de tudo, está além do capitalismo? Se se tratar de socialismo, ele dificilmente tende a guardar muita semelhança com as sociedades socialistas existentes, as quais, embora certamente difiram dos Estados capitalistas, constituem uma forma economicamente ineficaz e politicamente autoritária de dirigir o industrialismo. "Socialismo", é claro, significa tantas coisas diferentes que o termo é com frequência pouco mais que um sobretudo para vestir qualquer ordem social putativa que algum pensador queira ver criada. Se socialismo significa rigorosamente produção planejada, organizada primordialmente no interior dos sistemas econômicos de Estados-nação, o socialismo certamente está desaparecendo gradualmente. Constitui uma descoberta importante da organização social e econômica do século XX, que sistemas altamente complexos, como as ordens econômicas modernas, não podem efetivamente ser subordinados ao controle cibernético. A sinalização detalhada e constante que tais sistemas pressupõem tem que ser realizada "no solo" por unidades de baixo *input*, ao invés de dirigida de cima.

Se isto se dá nas economias nacionais, aplica-se com força ainda maior em escala mundial, (como indica a Figura 6) temos que conceber uma era pós-moderna em termos globais. Os mercados proporcionam os dispositivos de sinalização implicados em sistemas complexos de troca, mas eles também mantêm, ou causam ativamente, formas importantes de privação (como Marx diagnosticou com precisão). Considerado somente nos termos da política emancipatória, ir além do capitalismo implicaria a transcendência das divisões de classe produzidas pelos mercados capitalistas. A política da vida, contudo, nos mostra ainda mais longe, para além das circunstâncias nas quais os critérios econômicos definem as circunstâncias da vida dos seres humanos. Descobrimos aqui o potencial para um *sistema pós-escassez*, coordenado mundialmente.

Afirmar simplesmente que os mercados capitalistas devem ser "regulados" no sentido de remover suas características erráticas nos leva a um dilema. A submissão dos mercados a um controle centralizado de uma agência totalmente abrangente não é economicamente eficaz e leva ao autoritarismo político. Deixar os mercados livres para operarem mais ou menos sem nenhuma restrição, por outro lado, produz grandes disparidades entre as condições de vida de diferentes grupos e regiões. Um sistema pós-escassez, contudo, nos conduz para além deste dilema. Pois quando os bens principais da vida já não são mais escassos, os critérios do mercado podem funcionar apenas como dispositivos de sinalização, ao invés de serem também os meios de manutenção da privação em larga escala.

Mas, pode-se perguntar, num mundo caracterizado pelas desigualdades compactas entre Estados e regiões – especialmente entre os países industrializados e os menos industrializados – e onde os recursos não somente são finitos como já se encontram sob pressão, pode a pós-escassez ser uma noção significativa?

Perguntemos, ao invés disto, *que outra alternativa está aí* para um mundo que não segue um caminho de autodestruição? A busca da acumulação capitalista não pode ser levada a cabo indefinidamente, na medida em que ela não é autossuficiente em termos de recursos. Embora alguns recursos sejam intrinsecamente escassos, a maior parte não o é, no sentido de que, exceto para os requisitos básicos da existência corporal, a "escassez" é relativa a necessidades socialmente definidas e a estilos de vida específicos. Uma ordem pós-escassez envolveria alterações significativas nos modos de vida social (ver Figura 6), e as expectativas de crescimento econômico contínuo teriam que ser modificadas. Uma redistribuição global da riqueza seria requerida. No entanto a motivação para produzir tais mudanças poderia estar ao alcance, e há muitas discussões disponíveis que sugerem políticas concretas que poderiam ser implementadas para mudar a engrenagem desta maneira. Há certas provas de que muitas pessoas nos Estados economicamente avançados vivenciam uma "fadiga do desenvolvimento" e também de uma consciência geral de que o crescimento econômico continuado não vale a pena, a menos que melhore ativamente a qualidade de vida da maioria.[3]

Um sistema pós-escassez, mesmo se desenvolvido inicialmente apenas nas áreas mais afluentes do mundo, teria que ser coordenado mundialmente. A organização econômica socializada numa escala mundial já existe em algumas formas – no que diz respeito a acordos entre corporações multinacionais ou governos nacionais que procuram controlar aspectos do fluxo internacional de dinheiro e bens. Parece virtualmente certo que estes crescerão nos próximos anos, qualquer que seja o formato concreto que possam vir a assumir. Se eles fossem consolidados no contexto de uma transição para mecanismos econômicos pós-escassez, seu papel

---

3. Ian Miles e John Irvine, *The Poverty of Progress* (Oxford: Pergamon, 1982).

seria presumivelmente mais informativo que regulamentador. Eles ajudariam a coordenar os intercâmbios econômicos mundiais sem fazer o papel de "governante cibernético". Se isto soa, e é, um tanto vago, já existem modelos disponíveis de ordens econômicas possíveis que sugerem os princípios que poderiam ser envolvidos.[4]

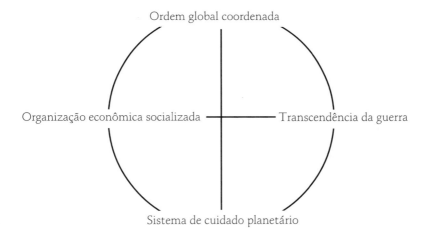

Figura. 6. Dimensões de um sistema pós-escassez.

Observando-se uma segunda dimensão institucional da modernidade, a violência e o poder administrativo, certas tendências imanentes aparecem também com bastante clareza. No interior dos Estados-nação, a intensificação das atividades de vigilância leva a pressões crescentes para a participação democrática (embora não sem contracorrentes acentuadas). Não é por acaso que não há virtualmente Estado no mundo de hoje que não se inti-

---
4. William Ophuls, *Ecology and the Politics of Scarcity* (San Francisco: Freeman, 1977).

tule "democrático", embora a gama de sistemas governamentais específicos coberta por este termo seja ampla. Tampouco é isto apenas retórica. Os Estados que se rotulam como democráticos têm sempre certos procedimentos para envolver a coletividade de cidadãos em procedimentos de governo, por mínimos que tais envolvimentos possam ser na prática. Por quê? Porque os dirigentes dos Estados modernos descobrem que o governo efetivo requer a aquiescência ativa das populações de maneiras que não eram possíveis nem necessárias em Estados pré-modenos.[5] Tendências para a *poliarquia*, definida como "a receptividade contínua do governo às preferências de seus cidadãos considerados como politicamente capazes",[6] porém, inclinam-se no momento a se concentrarem no âmbito do Estado-nação. Dado que a posição do Estado-nação na ordem mundial está mudando, com novas formas de organização local proliferando abaixo dele e outras de um tipo internacional acima, é razoável esperar que novas formas de envolvimento tendam cada vez mais a emergir. Estas podem assumir a forma, por exemplo, de pressões para participação democrática no local de trabalho, em associações locais, em organizações de mídia e em agrupamentos multinacionais de diversos tipos.[7]

Até onde diz respeito às relações entre os Estados parece evidente que uma ordem política mundial mais coordenada tende a emergir. Inclinações para uma globalização crescente mais ou menos forçam os Estados a colaborarem sobre questões com as quais eles procuraram outrora lidar separadamente. Muitos dos autores da primeira geração a discutir a globalização, no final do século XIX, acreditavam que um movimento para um governo mundial se seguiria naturalmente a partir do desenvolvimento de

---
5. O fundamento deste raciocínio é dado em Giddens, *Nation-State and Violence*.
6. Robert A. Dahl, *Polyarchy* (New Haven: Yale University Press, 1971), p.1-2.
7. Ver David Held, *Models of Democracy* (Cambridge, Eng.: Polity, 1987).

interconexões globais. Esses autores subestimaram o grau de autonomia soberana dos Estados-nação, e não parece provável que alguma forma de governo mundial semelhante a um Estado-nação em escala maior emerja num futuro previsível. Ou melhor, o "governo mundial" pode envolver a formação cooperativa de políticas globais pelos Estados, e estratégias cooperativas para resolver conflitos ao invés da formação de um superestado. Não obstante, as tendências neste sentido parecem fortes e claras.

Quando nos voltamos para a questão do poder militar, pode parecer que há pouca chance de uma transição para um mundo em que os instrumentos de guerra diminuam em significado. Pois as despesas militares mundiais continuam a crescer a cada ano, e a aplicação de tecnologia inovadora à produção de armas continua irredutível. Há, todavia, um forte elemento de realismo na antecipação de um mundo sem guerra. Esse mundo é imanente no próprio processo de industrialização da guerra, bem como na posição alterada dos Estados-nação na arena mundial. Como foi mencionado anteriormente, o ditado de Clausewitz torna-se substancialmente obsoleto com a difusão de armamento industrializado; e onde as fronteiras entre nações estão em sua maior parte fixas e os Estados-nação cobrem virtualmente a superfície da Terra, a expansão territorial perde o significado que já teve. Finalmente, a crescente interdependência global aumenta a gama de situações em que interesses semelhantes são partilhados por todos os Estados. Vislumbrar um mundo sem guerra é claramente utópico, mas de maneira alguma carente de realismo.

Uma observação análoga se aplica ao caso do meio ambiente criado. A revolução constante da tecnologia ganha parte de seu ímpeto nos imperativos da acumulação capitalista e nas considerações militares, mas uma vez em processo tem um dinamismo próprio. O esforço para expandir o conhecimento científico e demonstrar a eficácia de tais avanços na mudança tecnológica é um fator influente. Como observa Jacques Ellul, a inovação tecnológica, uma vez rotineiramente estabelecida, tem uma forte qualidade inercial:

A tecnologia nunca avança rumo a alguma coisa *porque* ela é empurrada por trás. O técnico não sabe por que está trabalhando, e geralmente não se preocupa muito... Não há um chamado em direção a uma meta; há coerção vinda de um motor posto atrás e que não tolera nenhuma parada da máquina... A interdependência dos elementos tecnológicos torna possível um número muito grande de "soluções" para as quais não há problemas.[8]

Os processos de inovação tecnológica, e de desenvolvimento industrial mais gerais, por enquanto, ainda estão em aceleração ao invés de diminuírem a marcha. Na forma da biotecnologia, os avanços técnicos afetam nossa própria constituição física como seres humanos, bem como o meio ambiente natural em que vivemos. Prosseguirão incontroladas estas poderosas fontes de inovação para o futuro indefinido? Ninguém pode dizer com segurança, mas há algumas contracorrentes nítidas, parcialmente expressas através dos movimentos ecológicos, mas também em outras esferas. A preocupação com os danos ao meio ambiente está agora difundida, e é um foco de atenção para os governos em todo o mundo. Não só o impacto externo, mas também a lógica do desenvolvimento científico e tecnológico sem amarras deverão ser confrontados se for para evitar danos sérios e irreversíveis. A humanização da tecnologia é propensa a envolver a crescente introdução de questões morais na relação agora amplamente "instrumental" entre seres humanos e o meio ambiente criado.

Na medida em que a maior parte das questões ecológicas consequentes é tão obviamente global, as formas de intervenção para minimizar os riscos ambientais terão necessariamente uma base planetária. Um sistema geral de cuidado planetário pode ser

---

8. Jacques Ellul, *The Technological Society* (London: Cape, 1965), p.89.

criado, tendo como meta a preservação do bem-estar ecológico do mundo como um todo. Uma maneira possível de conceber os objetivos do cuidado planetário é oferecida pela chamada "hipótese de Gaia", adiantada por James Lovelock. Segundo esta ideia, o planeta "exibe o comportamento de um organismo único, de uma criatura viva mesmo". A saúde orgânica da Terra é mantida por ciclos ecológicos descentralizados que interagem para formar um sistema bioquímico autossuficiente.[9] Se esta concepção puder ser autenticada em detalhe analítico, ela terá implicações precisas para com o cuidado planetário, que pode ser mais como proteger a saúde de uma pessoa do que cultivar um jardim onde as plantas crescem de maneira desordenada.

Por que deveríamos supor que os eventos mundiais irão na direção delineada por estas várias considerações utópicas? É claro que não podemos fazer tal suposição – embora *todas* as discussões que propõem tais futuros possíveis, incluindo este, podem causar algum impacto por sua própria natureza. Correntes imanentes de desenvolvimento não são mais do que isto, e o período provisório, ainda que as coisas ocorram destas várias maneiras, é grande e cheio de riscos de alta-consequência. Ademais, o que ocorre ao largo de uma dimensão institucional pode afetar negativamente outras. Cada uma poderia ter consequências com ameaças de vida para muitos milhões de seres humanos.

A Figura 7 esboça o elenco de riscos de alta-consequência que enfrentamos hoje. Quaisquer que sejam os novos desenvolvimentos tecnológicos a ocorrerem (os quais, mesmo se benéficos para a produtividade capitalista, podem ser perigosos para a segurança ambiental ou para a segurança militar), deve haver limites definidos para a acumulação capitalista mundial. Na medida em que os

---

9. Martin Large, *Social Ecology: Exploring Post-Industrial Society* (Gloucester: Hawkins, 1981), p.14.

mercados são, dentro de certos limites, mecanismos autoajustadores, certos tipos de escassez crescente podem ser contornados, ao menos por um considerável período de tempo. Mas há limites intrínsecos aos recursos disponíveis para acumulação indefinida, e as "exterioridades" que os mercados ou não tocam ou influenciam adversamente – tais como as aborrecidas desigualdades globais – podem revelar implicações socialmente explosivas.

Figura 7. Riscos de alta-consequência da modernidade.

No que tange aos recursos administrativos, as tendências para um crescente envolvimento democrático têm como seu lado sombrio possibilidades para a criação de poder totalitário.[10] A intensificação das operações de vigilância propiciam muitas vias de envolvimento democrático, mas também tornam possível o controle setorial do poder político, apoiado pelo acesso monopolista

---

10. Giddens, *Nation-State and Violence*, cap.II.

aos meios de violência, como um instrumento de terror. Totalitarismo e modernidade não estão vinculados apenas por contingências, mas sim inerentemente, como Zygmunt Bauman em particular deixou claro.[11] Existem várias outras formas de governo opressivo que, embora carentes de pleno poder totalitário, exibem algumas de suas características.

Os outros tipos de perigo foram suficientemente discutidos nas páginas precedentes. A possibilidade de conflito nuclear não é o único risco de alta-consequência que a humanidade enfrenta num futuro de médio prazo no que toca à guerra industrializada. Um confronto militar em grande escala empregando armamentos puramente convencionais seria devastador em suas consequências, e o prosseguimento da fusão de ciência e tecnologia armamentista pode produzir outras formas de armamento tão letais quanto as armas nucleares. A possibilidade de catástrofe ecológica é menos imediata que o risco de uma grande guerra, mas suas implicações são igualmente perturbadoras. Danos ambientais irreversíveis de longo prazo podem já ter ocorrido, talvez envolvendo fenômenos dos quais ainda não estamos a par.

Do outro lado da modernidade, como virtualmente ninguém na Terra pode continuar sem perceber, pode não haver nada além de uma "república de insetos e grama", ou um punhado de comunidades sociais humanas danificadas e traumatizadas. Nenhuma força providencial vai intervir inevitavelmente para nos salvar, e nenhuma teleologia histórica garante que esta segunda versão de pós-modernidade não vai desalojar a primeira. O apocalipse tornou-se corriqueiro, de tão familiar que é como um contrafatual da vida cotidiana; e, como todos os parâmetros de risco, ele pode tornar-se real.

---

11. Zygmunt Bauman, *Modernity and the Holocaust* (Cambridge, Eng.: Polity, 1989).

VI
É a modernidade um projeto ocidental?

No decorrer deste estudo, falei de "modernidade" sem maiores referências aos maiores setores do mundo fora da órbita dos assim chamados países desenvolvidos. Quando falamos de modernidade, contudo, nos referimos a transformações institucionais que têm suas origens no Ocidente. Em que medida é a modernidade distintivamente ocidental? Ao respondermos esta questão temos que considerar várias características da modernidade analiticamente separáveis. Em termos de agrupamento institucional, dois complexos organizacionais distintos são de particular significação no desenvolvimento da modernidade: o *Estado-nação* e a *produção capitalista sistemática*. Ambos têm suas raízes em características específicas da história europeia e têm poucos paralelos em períodos anteriores ou em outros cenários culturais. Se, em íntima conjunção, eles têm se precipitado através do mundo, é acima de tudo devido ao poder que geraram. Nenhuma outra forma social, mais tradicional, foi capaz de contestar este poder no que toca à manutenção de completa autonomia fora das correntes do desenvolvimento mundial. É a modernidade um projeto ocidental em termos dos modos de vida forjados por estas duas grandes agências transformadoras? A esta pergunta, a resposta imediata deve ser "sim".

Uma das consequências fundamentais da modernidade, como este estudo enfatizou, é a globalização. Esta é mais do que uma difusão das instituições ocidentais através do mundo, onde outras culturas são esmagadas. A globalização – que é um processo de desenvolvimento desigual que tanto fragmenta quanto coordena – introduz novas formas de interdependência mundial, nas quais, mais uma vez, não há "outros". Estas, por sua vez, criam novas formas de risco e perigo ao mesmo tempo em que promovem possibilidades de longo alcance de segurança global. É a modernidade peculiarmente ocidental do ponto de vista de suas tendências globalizantes? Não. Não pode ser, na medida em que falamos aqui de forma emergente de interdependência mundial e consciência planetária. As maneiras pelas quais estas questões são abordadas e conduzidas, contudo, vão inevitavelmente envolver concepções e estratégias derivadas de cenários não ocidentais. Pois nem a radicalização da modernidade nem a globalização da vida social são processos que estão, em algum sentido, completos. Muitos tipos de resposta cultural a tais instituições são possíveis, dada a diversidade cultural do mundo como um todo. Movimentos "além" da modernidade ocorrem num sistema global caracterizado por grandes desigualdades de riqueza e poder e não podem deixar de ser por eles afetados.

A modernidade é universalizante não apenas em termos de seu impacto global, mas em termos do conhecimento reflexivo fundamental a seu caráter dinâmico. É a modernidade distintivamente ocidental a *este* respeito? Esta pergunta tem que ser respondida afirmativamente, embora com certos requisitos definidos. A mudança radical da tradição intrínseca para a reflexividade da modernidade cria uma ruptura, não apenas com as eras precedentes, mas também com outras culturas. Desde que a razão se revele incapaz de fornecer uma justificativa definitiva de si mesma, não faz sentido fingir que esta ruptura não repousa sobre o compromisso cultural (e o poder). O poder, todavia, não *estabelece* inevitavelmente questões que emergem como resultado da difusão da reflexividade da modernidade, especialmente na medida em que os modos de argumentação discursiva se tornam amplamente aceitos e respeitados. A argumentação discursiva, inclusive a que é constitutiva da ciência natural, envolve critérios que suprimem as diferenças culturais. Não há nada "ocidental" nisto se o compromisso com tal argumentação, como um meio de resolver disputas, é disponível. Quem pode dizer, porém, que limites podem ser postos na difusão deste compromisso? Pois a radicalização da dúvida está ela mesma sempre sujeita à dúvida e, portanto, é um princípio que provoca severa resistência.

Observações finais

Que me seja permitido, para concluir, tentar um sumário dos temas deste estudo. Nas sociedades industrializadas, acima de tudo, mas em certa medida no mundo como um todo, entramos num período de alta-modernidade, solto de suas amarras no resseguro da tradição e no que foi por muito tempo uma "posição de vantagem" fixa (tanto para os "de dentro" como para outros) – o domínio do ocidente. Embora seus iniciadores procurassem certezas para substituir os dogmas preestabelecidos, a modernidade efetivamente envolve a institucionalização da dúvida. Toda reivindicação de conhecimento, em condições de modernidade, é inerentemente circular, embora "circularidade" tenha uma conotação diferente nas ciências naturais em comparação com as sociais. Nas primeiras, ela diz respeito ao fato de que a ciência é puro método, de modo que todas as formas substantivas de "conhecimento aceito" estão em princípio abertas a serem descartadas. As ciências sociais pressupõem uma circularidade num duplo sentido, que é constitutivamente fundamental às instituições modernas. As reivindicações de conhecimento que elas produzem são todas em princípio revisáveis, mas são também "revisadas" num sentido prático conforme elas circulam dentro e fora do ambiente que descrevem.

A modernidade é inerentemente globalizante, e as consequências desestabilizadoras deste fenômeno se combinam com a circularidade de seu caráter reflexivo para formar um universo de eventos onde o risco e o acaso assumem um novo caráter. As tendências globalizantes da modernidade são simultaneamente extensionais e intensionais – elas vinculam os indivíduos a sistemas de grande escala como parte da dialética complexa de mudança nos polos local e global. Muitos dos fenômenos frequentemente rotulados como pós-modernos na verdade dizem respeito à experiência de viver num mundo em que presença e ausência se combinam de maneiras historicamente novas. O progresso se torna esvaziado de conteúdo conforme a circularidade da modernidade se firma, e, num nível lateral, a quantidade de informação que flui diariamente para dentro, envolvida no fato de se viver em "um mundo", pode às vezes ser assoberbante. E no entanto isto *não* é primordialmente uma expressão de fragmentação cultural ou da dissolução do sujeito num "mundo de signos" sem centro. Trata-se de um processo simultâneo de transformação da subjetividade e da organização social global, contra um pano de fundo perturbador de riscos de alta-consequência.

A modernidade é inerentemente orientada para o futuro, de modo que o "futuro" tem o *status* de modelador contrafatual. Embora haja outras razões para isto, este é um fator sobre o qual fundamento a noção de realismo utópico. Antecipações do futuro tornam-se parte do presente, ricocheteando assim sobre como o futuro na realidade se desenvolve; o realismo utópico combina a "abertura de janelas" sobre o futuro com a análise das correntes institucionais em andamento pelas quais os futuros políticos estão imanentes no presente. Retomamos aqui ao tema do tempo com o qual o livro se abriu. Como poderia ser um mundo pós-moderno no que diz respeito aos três conjuntos de fatores antes referidos como subjacentes à natureza dinâmica da modernidade? Pois se as instituições modernas forem um dia amplamente transcendidas, eles seriam necessariamente alterados de modo fundamental. Alguns comentários sobre isto constituem a minha conclusão.

As utopias do tipo realista são antitéticas tanto à reflexividade como à temporalidade da modernidade. Prescrições ou antecipações utópicas estabelecem uma linha básica para futuros estados de coisas que bloqueiam o caráter infinitamente aberto da modernidade. Num mundo pós-moderno, o tempo e o espaço já não seriam ordenados em sua inter-relação pela historicidade. Se isto implicaria um ressurgimento da religião numa forma ou em outra é difícil dizer, mas ocorreria supostamente uma renovação da fixidez em alguns aspectos da vida que lembrariam certas características da tradição. Tal fixidez por sua vez propiciaria um embasamento para o sentido de segurança ontológica, reforçado pela consciência de um universo social sujeito a controle humano. Este não seria um mundo que "desmorona para fora" em organizações descentralizadas, mas entrelaçaria o local e o global de uma maneira complexa. Tal mundo envolveria uma reorganização radical do tempo e do espaço? Parece provável. Com este tipo de reflexão, porém, começamos a dissolver a conexão entre especulação utópica e realismo. E isto está além de até onde um estudo deste tipo deve ir.

SOBRE O LIVRO

Coleção: Biblioteca Básica
Formato: 14 x 21 cm
Mancha: 23 x 42 paicas
Tipologia: Goudy Old Style 12/13
Papel: Off-white 80g/m² (miolo)
Cartão Supremo 250 g/m² (capa)

EQUIPE DE REALIZAÇÃO

Edição de Texto
Geisa Mathias de Oliveira (Revisão)

Editoração Eletrônica
Vicente Pimenta (Diagramação)

Impresso por :

gráfica e editora
Tel.:11 2769-9056